국가공인
필수교재

漢字

# 한자능력
# 검정시험

## 기출·예상문제집
한국어문회가 직접 발간한 문제집

# 6급

# 머리말

**우리의 글은 70% 이상이** 한자로 이루어져 있다. 비록 우리말이 소리로 표시되다고 하더라도, 결국 그 표시의 근본이 한자였기 때문에 한글이 만들어지기 전까지는 우리의 모든 역사와 생활이 한자로 기록되었고, 한글 창제이후에도 대부분의 기록은 한자로 이루어졌다.
따라서 우리의 학문, 역사, 민속 등 모든 문화유산은 한자를 모르고는 정확히 이해할 수 없으며, 무엇보다 지금 당장의 생활과 공부를 위해서도 한자가 필요한 것이다.

**그 동안 어문교육에 대한 이견으로** 한자 교육의 방향성이 중심을 잡지 못하고 표류하였으나 아무리 한글전용이 기본이고 어려운 한자어를 우리말로 바꾸는 작업을 꾸준히 한다 하더라도 눈앞에 문장을 이해하지 못하고 어쩔 수 없이 사교육의 영역에서 한자를 공부하는 현실을 부인할 수 없는 것이다. 공교육의 영역에서 충실한 한자교육이 이루어지지 못하는 지금의 상황에서는 한자학습의 주요한 동기부여수단의 하나인 동시에 학습결과도 확인해볼 수 있는 한자능력검정시험의 역할이 더욱 중요하기 때문에, 우선적으로 시험을 위한 문제집으로서 이 책을 출간하게 되었다. 한자공부가 어렵게만 느껴지는 분들에게 이 책이 충분히 도움이 될 것으로 믿으며, 한자학습을 지도하는 부모님들이나 선생님들의 부담도 덜어줄 것이라고 감히 추천하는 바이다.

## 이 책의 구성

- 출제유형 및 합격기준
- 출제유형분석 – 학습이나 지도의 가이드라인을 제시
- 배정한자 및 사자성어 수록
- 반대자, 반대어
- 유의자, 유의어
- 약자
- 예상문제 – 기출문제분석에 의한 배정한자의 문제화
- 실제시험답안지 – 회별로 구성
- 최근 기출문제 8회분 수록

이 책이 여러분들의 한자실력향상에 도움이 되기를 바란다.

편저자 씀

# 한자능력시험 급수별 출제유형

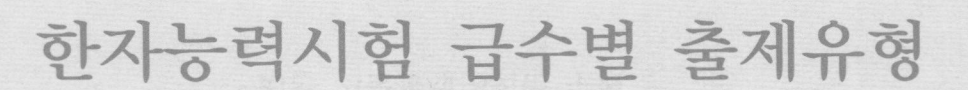

| 구 분 | 특급 | 특급II | 1급 | 2급 | 3급 | 3급II | 4급 | 4급II | 5급 | 5급II | 6급 | 6급II | 7급 | 7급II | 8급 |
|---|---|---|---|---|---|---|---|---|---|---|---|---|---|---|---|
| 읽기 배정 한자 | 5,978 | 4,918 | 3,500 | 2,355 | 1,817 | 1,500 | 1,000 | 750 | 500 | 400 | 300 | 225 | 150 | 100 | 50 |
| 쓰기 배정 한자 | 3,500 | 2,355 | 2,005 | 1,817 | 1,000 | 750 | 500 | 400 | 300 | 225 | 150 | 50 | 0 | 0 | 0 |
| 독 음 | 45 | 45 | 50 | 45 | 45 | 45 | 32 | 35 | 35 | 35 | 33 | 32 | 32 | 22 | 24 |
| 한자 쓰기 | 40 | 40 | 40 | 30 | 30 | 30 | 20 | 20 | 20 | 20 | 20 | 10 | 0 | 0 | 0 |
| 훈 음 | 27 | 27 | 32 | 27 | 27 | 27 | 22 | 22 | 23 | 23 | 22 | 29 | 30 | 30 | 24 |
| 완성형[성어] | 10 | 10 | 15 | 10 | 10 | 10 | 5 | 5 | 4 | 4 | 3 | 2 | 2 | 2 | 0 |
| 반의어 | 10 | 10 | 10 | 10 | 10 | 10 | 3 | 3 | 3 | 3 | 3 | 2 | 2 | 2 | 0 |
| 뜻풀이 | 5 | 5 | 10 | 5 | 5 | 5 | 3 | 3 | 3 | 3 | 2 | 2 | 2 | 2 | 0 |
| 동음이의어 | 10 | 10 | 10 | 5 | 5 | 5 | 3 | 3 | 3 | 3 | 2 | 0 | 0 | 0 | 0 |
| 부 수 | 10 | 10 | 10 | 5 | 5 | 5 | 3 | 3 | 0 | 0 | 0 | 0 | 0 | 0 | 0 |
| 동의어 | 10 | 10 | 10 | 5 | 5 | 5 | 3 | 3 | 3 | 3 | 2 | 0 | 0 | 0 | 0 |
| 장단음 | 10 | 10 | 10 | 5 | 5 | 5 | 3 | 0 | 0 | 0 | 0 | 0 | 0 | 0 | 0 |
| 약 자 | 3 | 3 | 3 | 3 | 3 | 3 | 3 | 3 | 3 | 3 | 0 | 0 | 0 | 0 | 0 |
| 필 순 | 0 | 0 | 0 | 0 | 0 | 0 | 0 | 0 | 3 | 3 | 3 | 3 | 2 | 2 | 2 |
| 한 문 | 20 | 20 | 0 | 0 | 0 | 0 | 0 | 0 | 0 | 0 | 0 | 0 | 0 | 0 | 0 |

▶ 상위급수 한자는 모두 하위급수 한자를 포함하고 있습니다.
▶ 쓰기 배정 한자는 한두 급수 아래의 읽기 배정한자이거나 그 범위 내에 있습니다.
▶ 출제유형표는 기본지침자료로서, 출제자의 의도에 따라 차이가 있을 수 있습니다.
▶ 공인급수는 교육과학기술부로부터 국가공인자격 승인을 받은 특급·특급II·1급·2급·3급·3급II이며, 교육 급수는 한국한자능력검정회에서 시행하는 민간자격인 4급·4급II·5급·5급II·6급·6급II·7급·7급II·8 급입니다.
▶ 5급II·7급II는 신설 급수로 2010년 11월 13일 시험부터 적용됩니다.
▶ 6급II 읽기 배정한자는 2010년 11월 13일 시험부터 300자에서 225자로 조정됩니다.

# 한자능력검정시험 합격기준

| 구 분 | 특급 | 특급II | 1급 | 2급 | 3급 | 3급II | 4급 | 4급II | 5급 | 5급II | 6급 | 6급II | 7급 | 7급II | 8급 |
|---|---|---|---|---|---|---|---|---|---|---|---|---|---|---|---|
| 출제문항수 | 200 | 200 | 200 | 150 | 150 | 150 | 100 | 100 | 100 | 100 | 90 | 80 | 70 | 60 | 50 |
| 합격문항수 | 160 | 160 | 160 | 105 | 105 | 105 | 70 | 70 | 70 | 70 | 63 | 56 | 49 | 42 | 35 |
| 시험시간 | 100분 | 100분 | 90분 | 60분 | 60분 | 60분 | 50분 | 50분 | 50분 | 50분 | 50분 | 50분 | 50분 | 50분 | 50분 |

▶ 특급, 특급II, 1급은 출제 문항수의 80% 이상, 2급 ~ 8급은 70% 이상 득점하면 합격입니다.

# 차 례

# 유형분석(類型分析)

➜ 기출문제의 유형들을 분석하여 실제문제에 완벽히 대비할 수 있도록 하였습니다.

6級에서는 7級과 달리 한자어의 讀音(독음), 한자의 訓音(훈음), 筆順(필순), 한자어 등의 빈칸을 메워 완성하는 문제, 뜻이 반대되는 글자나 단어를 지문에서 찾아내는 문제, 한자어의 뜻을 풀이하는 문제 외에 한자나 한자어를 직접 쓰는 문제가 출현하며, 동의어(同義語), 동음이의어(同音異義語) 문제도 나온다. 총 90문제가 출제된다.

우선 정해진 배정한자 300자 낱글자의 훈음과 쓰는 순서를 모두 익힌 뒤에 그 글자들이 어울려 만들어내는 한자어의 독음과 뜻을 학습하여야 한다. 그리고 반대자[뜻이 반대인 글자], 반대어[뜻이 반대인 한자어], 동음이의자[소리는 같고 뜻은 다른 한자], 동음이의어[소리는 같고 뜻은 다른 한자어]의 개념도 학습하여야 한다. 한자 쓰기는 7급에서 익혔던 150자 범위내의 한자어 중 많이 쓰이는 중요한 것은 모두 읽고 쓸 줄 알아야 한다.

시험에서 중요한 사항은 우선 출제자가 요구하는 답이 무엇인지 질문을 통해 확인하여야 한다. 기출문제를 풀어보면 알 수 있지만 대개 질문은 회차에 무관하게 각 급수별로 일정한 유형으로 정해져 있다. 따라서 기출문제를 통하여 질문에 익숙해져야 한다.

**①** 한자어의 讀音 문제는 대개 지문과 함께 한자어가 제시된다.

> **다음 밑줄 친 漢字語의 讀音을 쓰세요. (1~5)**
>
> | 예 | 漢字 → 한자 |
> |---|---|
>
> 1 사람은 말을 할 줄 아는 <u>動物</u>이다.
> 2 그 전쟁에서 <u>勝利</u>하였다.
> 3 신랑은 <u>禮服</u>을 입고 나타났다.
> 4 오후에 아버지와 <u>野球</u>장에 갔다.
> 5 오늘 <u>溫度</u>가 많이 내려가 춥다.

**유형해설**

기본적으로 한자 낱글자의 소리를 알고 있으면 답할 수 있다. 다만 두음법칙, 속음 등에 주의하면 된다. 위의 문장의 '禮服'의 경우 답안지에는 '예복'으로 적어야 한다. '례복'으로 적으면 틀린 답이 된다. '禮'는 본래 소리가 '례'이지만 국어에는 두음법칙이 있어 첫소리에 'ㄹ'이 오는 것을 꺼리므로 '예'로 하여야 한다. 물론 한자어가 '失禮'로 '禮'가 뒤에 온다면 '실례'로 정상적으로 '례'로 답하면 된다. 또 '十月'의 경우 답안지에는 '시월'로 적어야 하며, '십월'로 적으면 틀린 답이 된다. 속음이라 하여 국어에는 한국인이 소리내기 쉽게 한자음이 바뀌는 경우 등이 발생하며 이런 때는 바뀐 한자 소리를 우선하여야 한다. 이런 한자어들은 사례가 많지 않으므로 기본 지침서를 활용하여 익혀두면 된다.

**2** 한자의 訓(훈 : 뜻)과 흡 문제는 대개 다음과 같다.

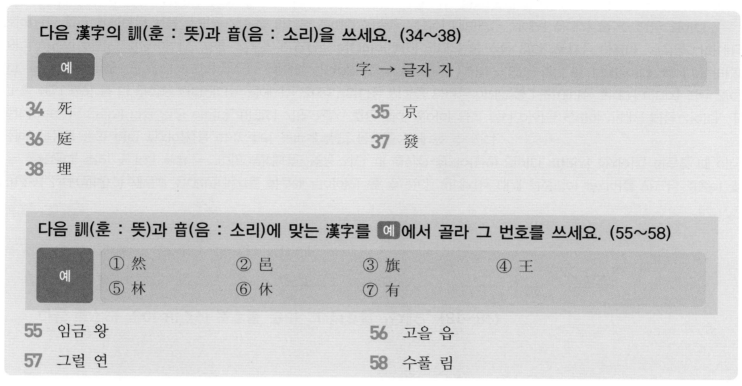

다음 漢字의 訓(훈 : 뜻)과 흡(음 : 소리)을 쓰세요. (34~38)

예      字 → 글자 자

34 死               35 京
36 庭               37 發
38 理

다음 訓(훈 : 뜻)과 흡(음 : 소리)에 맞는 漢字를 예에서 골라 그 번호를 쓰세요. (55~58)

예 ① 然    ② 邑    ③ 旗    ④ 王
⑤ 林    ⑥ 休    ⑦ 有

55 임금 왕           56 고을 읍
57 그럴 연           58 수풀 림

유형해설

위의 訓(훈 : 뜻)과 흡 문제는 한자 낱글자의 뜻과 소리를 알고 있으면 풀 수 있는 문제들이다.

**3** 한자의 筆順(필순 : 한자 낱글자의 쓰는 순서) 문제는 8급·7급과 마찬가지로 한자 낱글자의 쓰는 순서를 알고 있으면 풀 수 있다.

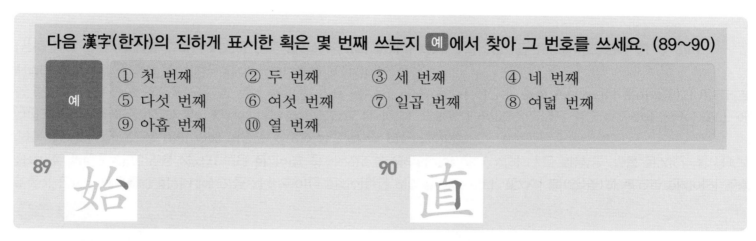

다음 漢字(한자)의 진하게 표시한 획은 몇 번째 쓰는지 예에서 찾아 그 번호를 쓰세요. (89~90)

예 ① 첫 번째    ② 두 번째    ③ 세 번째    ④ 네 번째
⑤ 다섯 번째    ⑥ 여섯 번째    ⑦ 일곱 번째    ⑧ 여덟 번째
⑨ 아홉 번째    ⑩ 열 번째

89 始               90 直

유형해설

위의 문제처럼 대개 특정 획을 지정하여 몇 번째 쓰는 획인지를 물어보므로 한자 낱글자의 쓰는 순서를 평소에 익혀둔 다면 무리 없이 답할 수 있다. 참고로 획수와 번호는 서로 일치되게 하였으므로 번호를 고를 때는 해당 획수와 일치하는 번호를 고르면 된다. 예로 다섯 번째 획이면 ⑤번을 고르면 된다.

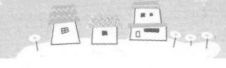 

**4** 한자어의 뜻풀이 문제는 대개 다음과 같다.

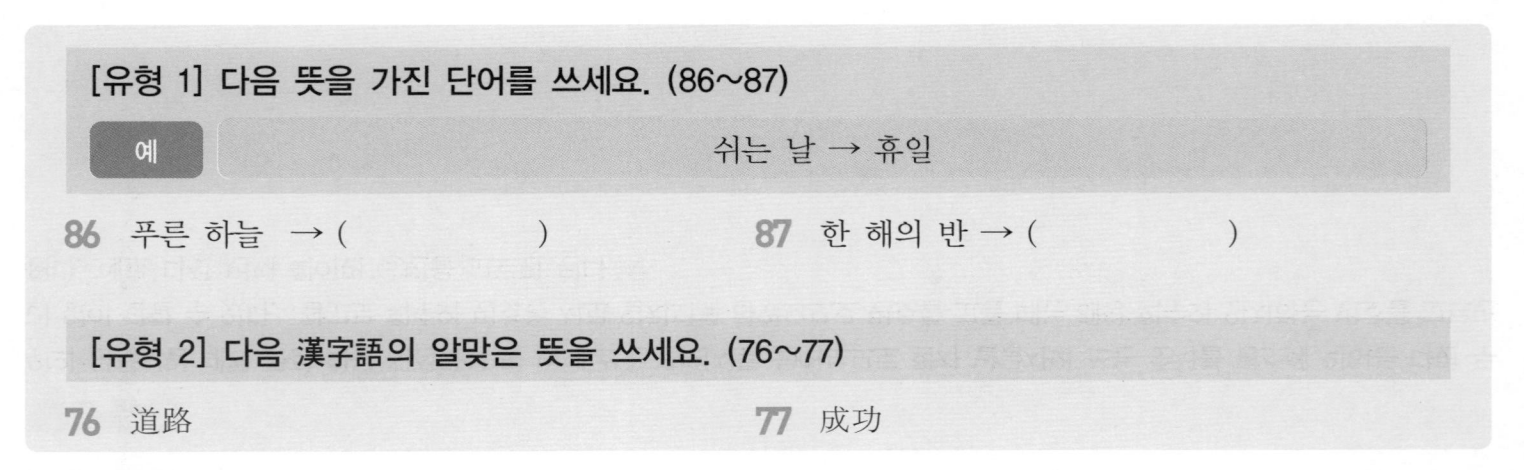

**[유형 1] 다음 뜻을 가진 단어를 쓰세요. (86~87)**

| 예 | 쉬는 날 → 휴일 |

86 푸른 하늘 → (           )        87 한 해의 반 → (           )

**[유형 2] 다음 漢字語의 알맞은 뜻을 쓰세요. (76~77)**

76 道路                    77 成功

뜻풀이 문제는 배정한자 범위 내에 있는 자주 쓰이는 한자어들을 익혀 두어야 한다. 한자의 訓(훈;뜻)과 音으로 한자어의 뜻을 짐작하는 훈련을 하고, 뜻을 가지고 해당 한자어를 쓸 수 있도록 연습하여야 한다. 위의 '푸른 하늘'은 '푸를 청'자인 '청(靑)'과 '하늘 천'자인 '천(天)'을 머리 속에 떠올릴 수 있어야 답할 수 있는 것이다.
그리고 한자어는 순우리말과 풀이 순서가 다를 수 있으므로 한자어의 구조에 대하여도 기본적인 것은 학습하여 두어야 한다. 예로 成功은 보통 '이룰 성, 공 공'으로 익혀 成功을 '이룬 공' 등으로 풀이하기 쉬운데, 뜻이 달라지거나 말이 통하지 않으므로 뒤부터 풀이하여 '공을 이루다'라는 뜻이 드러나도록 표현하여야 한다.
[유형 1]의 경우, 漢字로 쓰라는 단서가 없는 경우에는 쓰기 한자가 아닐 수가 있고 한글로만 써도 답이 될 수 있다.

**5** 상대어(반대어), 동의어(유의어) 문제는 대개 상대(반대) 또는 같거나 비슷한 뜻을 지닌 한자를 찾아내는 형태이다.

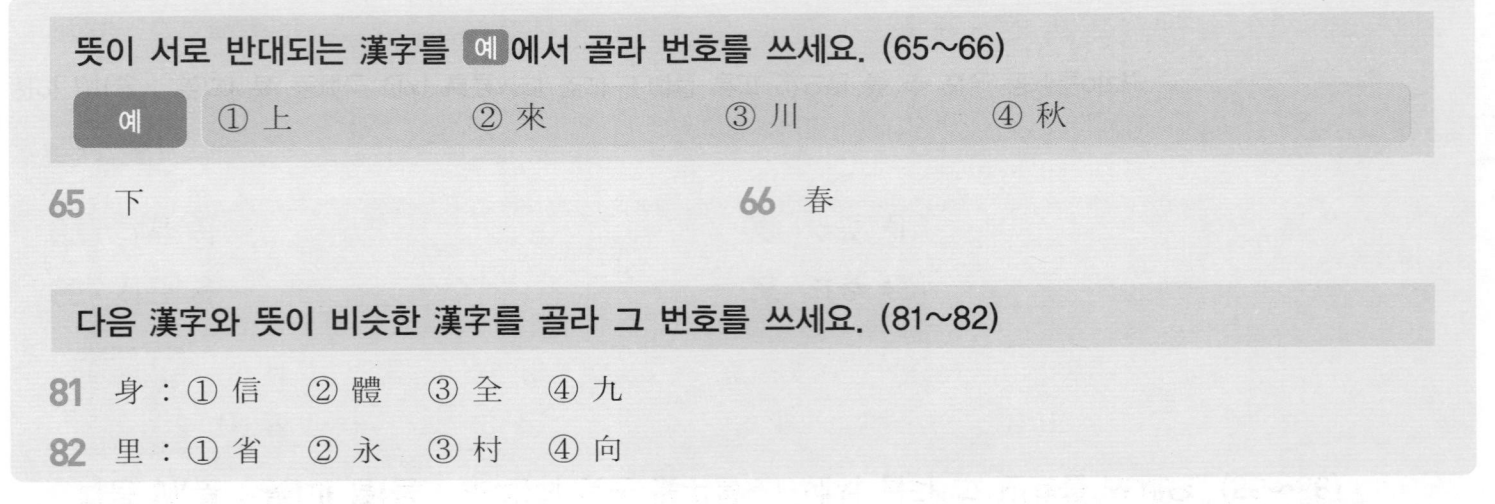

**뜻이 서로 반대되는 漢字를 예에서 골라 번호를 쓰세요. (65~66)**

| 예 | ① 上    ② 來    ③ 川    ④ 秋 |

65 下                           66 春

**다음 漢字와 뜻이 비슷한 漢字를 골라 그 번호를 쓰세요. (81~82)**

81 身 : ① 信  ② 體  ③ 全  ④ 九
82 里 : ① 省  ② 永  ③ 村  ④ 向

평소에 상대(반대)의 개념과 상대(반대)자를 학습해 두어야만 풀 수 있다. 반대자는 대개 결합되어 한자어를 만드는 것들이 주로 출제된다. 위의 上下나 春秋는 그대로 반대되는 뜻을 지닌 채 결합한 한자어들인 것이다. 따라서 한자어를 학습할 때 이런 점에 관심을 두고 이런 한자어들을 따로 추려 공부해 두면 문제를 쉽게 풀 수 있다.
상대(반대)는 완전히 다른 것은 아니다. 비교의 기준으로서 같은 점이 있어야 하고 하나 이상은 달라야 반대가 되는 것이다. 上下를 예로 들면 둘 다 방향을 나타낸다는 점에서는 같으나 하나는 위쪽을 하나는 아래쪽을 나타낸다는 점에서 반대가 되는 것이다. 春夏를 예로 든다면 반대가 되지 않는다. 계절을 나타내는 점에서는 같으나 반대가 되는 것이 없기 때문이다. 봄이 아니라고 하여 반드시 여름인 것은 아니고 가을, 겨울도 있으므로 여름만이 봄의 반대가 될 수는 없다. 春秋는 다르다. 계절을 나타내는 점에서는 같으나 하나는 씨를 뿌리는 계절을 하나는 열매를 거두는 계절이 대비되는 점에서 반대가 될 수 있는 것이다.
6급 문제부터 나오는 동의(유의)란 뜻이 같거나 비슷하다는 뜻이다. 이와 같은 한자나 한자어를 찾아낼 수 있으면 된다. 유의(동의)자는 대개 결합되어 한자어를 만드는 것들이 주로 출제된다. 위의 身體, 村里 등은 뜻이 같거나 비슷한 글자끼리 결합된 한자어인 것이다.

**6** 6급의 동음이의어(同音異義語) 문제는 대개 동음이의자[소리는 같고 뜻은 다른 글자]를 묻는 문제가 출제되며 한자어는 거의 출제되지 않는 경향이다.

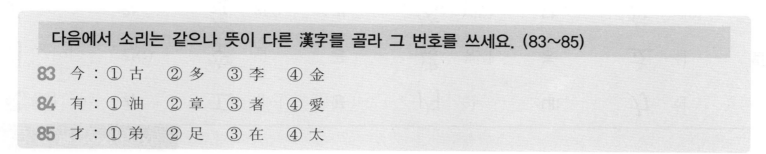

다음에서 소리는 같으나 뜻이 다른 漢字를 골라 그 번호를 쓰세요. (83~85)

83 今 : ① 古   ② 多   ③ 李   ④ 金
84 有 : ① 油   ② 章   ③ 者   ④ 愛
85 才 : ① 弟   ② 足   ③ 在   ④ 太

유형해설

이런 문제는 한자의 소리를 묻는 문제로도 볼 수 있는 것으로 기본적으로 한자의 訓(훈:뜻)과 音만 알고 있으면 쉽게 풀 수 있는 문제이다.

**7** 완성형 문제는 대개 사자성어 등의 한 글자 정도를 비워 놓고 채워 넣을 수 있는 지를 검정하는 문제가 출제된다.

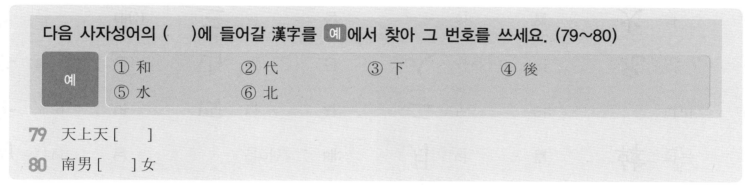

다음 사자성어의 (   )에 들어갈 漢字를 예에서 찾아 그 번호를 쓰세요. (79~80)

| 예 | ① 和 | ② 代 | ③ 下 | ④ 後 |
| | ⑤ 水 | ⑥ 北 | | |

79 天上天 [   ]
80 南男 [   ] 女

유형해설

배정한자 범위내의 자주 쓰이는 사자성어 등은 별도로 익혀두는 것이 좋다.

**8** 한자어를 쓰는 문제는 대개 맞는 한자어를 바로 머리에 떠올릴 수 있도록 지문이 주어진다.

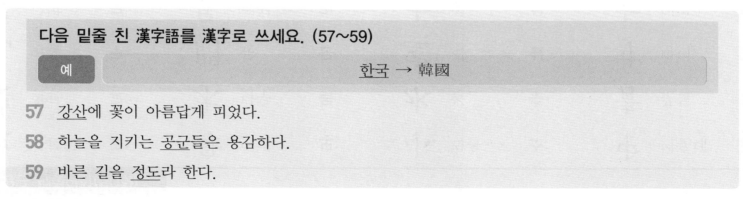

다음 밑줄 친 漢字語를 漢字로 쓰세요. (57~59)

| 예 | 한국 → 韓國 |

57 강산에 꽃이 아름답게 피었다.
58 하늘을 지키는 공군들은 용감하다.
59 바른 길을 정도라 한다.

유형해설

한자어를 쓰는 문제는 한자 능력을 종합적으로 검정하는 문제라고 할 수 있다. 평소에 익힌 한자와 한자어를 여러 번 써 보고 뜻을 익히는 일을 게을리 하지 말아야 한다.

# 배정한자(配定漢字)

## 8급~6급(300자)

한자음 뒤에 나오는 ":"는 장음 표시입니다. "(:)"는 장단음 모두 사용되는 한자이며, ":"나 "(:)"이 없는 한자는 단음으로만 쓰입니다.

### 8급 배정한자(50자)

| 교: | 가르칠 | 教 | 모: | 어미 | 母 | 소: | 작을 | 小 | 중 | 가운데 | 中 |
|---|---|---|---|---|---|---|---|---|---|---|---|
| 교: | 학교 | 校 | 목 | 나무 | 木 | 수 | 물 | 水 | 청 | 푸를 | 靑 |
| 구 | 아홉 | 九 | 문 | 문 | 門 | 실 | 집 | 室 | 촌: | 마디 | 寸 |
| 국 | 나라 | 國 | 민 | 백성 | 民 | 십 | 열 | 十 | 칠 | 일곱 | 七 |
| 군 | 군사 | 軍 | 백 | 흰 | 白 | 오: | 다섯 | 五 | 토 | 흙 | 土 |
| 금 | 쇠 | 金 | 부 | 아비 | 父 | 왕 | 임금 | 王 | 팔 | 여덟 | 八 |
| 김 | 성(姓) | | 북 | 북녘 | 北 | 외: | 바깥 | 外 | 학 | 배울 | 學 |
| 남 | 남녘 | 南 | 배: | 달아날 | | 월 | 달 | 月 | 한(:) | 한국 | 韓 |
| 녀 | 계집 | 女 | 사: | 넉 | 四 | 이: | 두 | 二 | 한(:) | 나라 | |
| 년 | 해 | 年 | 산 | 메 | 山 | 인 | 사람 | 人 | 형 | 형 | 兄 |
| 대(:) | 큰 | 大 | 삼 | 석 | 三 | 일 | 한 | 一 | 화(:) | 불 | 火 |
| 동 | 동녘 | 東 | 생 | 날 | 生 | 일 | 날 | 日 | | | |
| 륙 | 여섯 | 六 | 서 | 서녘 | 西 | 장(:) | 긴 | 長 | | | |
| 만: | 일만 | 萬 | 선 | 먼저 | 先 | 제: | 아우 | 弟 | | | |

☑ 8급 배정한자는 모두 50자로, 읽기 50자이며, 쓰기 배정한자는 없습니다. 가장 기초적인 한자들로 꼭 익혀 둡시다.

### 7급 Ⅱ 배정한자(50자)

| 가 | 집 | 家 | 공 | 장인 | 工 | 내: | 안 | 內 | 력 | 힘 | 力 |
|---|---|---|---|---|---|---|---|---|---|---|---|
| 간(:) | 사이 | 間 | 공 | 빌 | 空 | 농 | 농사 | 農 | 립 | 설 | 立 |
| 강 | 강 | 江 | 기 | 기운 | 氣 | 답 | 대답 | 答 | 매(:) | 매양 | 每 |
| 거 | 수레 | 車 | 기 | 기록할 | 記 | 도: | 길 | 道 | 명 | 이름 | 名 |
| 차 | 수레 | | 남 | 사내 | 男 | 동: | 움직일 | 動 | 물 | 물건 | 物 |

| 方 | 모(稜) | 방 | 食 | 밥 | 식 | 全 | 온전 | 전 | 漢 | 한수 | 한: |
|---|---|---|---|---|---|---|---|---|---|---|---|
| 不 | 아닐 | 불 | | 먹을 | 식 | 前 | 앞 | 전 | | 한나라 | 한: |
| 事 | 일 | 사: | 安 | 편안 | 안 | 電 | 번개 | 전: | 海 | 바다 | 해: |
| 上 | 윗 | 상: | 午 | 낮 | 오: | 正 | 바를 | 정(:) | 話 | 말씀 | 화 |
| 姓 | 성 | 성: | 右 | 오를 | 우: | 足 | 발 | 족 | 活 | 살 | 활 |
| 世 | 인간 | 세: | | 오른(쪽) | 우: | 左 | 왼 | 좌: | 孝 | 효도 | 효: |
| 手 | 손 | 수(:) | 子 | 아들 | 자 | 直 | 곧을 | 직 | 後 | 뒤 | 후: |
| 市 | 저자 | 시: | 自 | 스스로 | 자 | 平 | 평평할 | 평 | | | |
| 時 | 때 | 시 | 場 | 마당 | 장 | 下 | 아래 | 하: | | | |

☑ 7급Ⅱ 배정한자는 모두 100자로, 8급 배정한자(50자)를 제외한 50자만을 담았습니다. 8급과 마찬가지로 쓰기 배정한자는 없습니다.

## 7급 배정한자(50자)

| 歌 | 노래 | 가 | 面 | 낯 | 면: | 植 | 심을 | 식 | 住 | 살 | 주: |
|---|---|---|---|---|---|---|---|---|---|---|---|
| 口 | 입 | 구(:) | 命 | 목숨 | 명: | 心 | 마음 | 심 | 重 | 무거울 | 중: |
| 旗 | 기 | 기 | 問 | 물을 | 문: | 語 | 말씀 | 어: | 地 | 따 | 지 |
| 冬 | 겨울 | 동(:) | 文 | 글월 | 문 | 然 | 그럴 | 연 | 紙 | 종이 | 지 |
| 同 | 한가지 | 동 | 百 | 일백 | 백 | 有 | 있을 | 유: | 千 | 일천 | 천 |
| 洞 | 골 | 동: | 夫 | 지아비 | 부 | 育 | 기를 | 육 | 天 | 하늘 | 천 |
| | 밝을 | 통: | 算 | 셈 | 산: | 邑 | 고을 | 읍 | 川 | 내 | 천 |
| 登 | 오를 | 등 | 色 | 빛 | 색 | 入 | 들 | 입 | 草 | 풀 | 초 |
| 來 | 올 | 래(:) | 夕 | 저녁 | 석 | 字 | 글자 | 자 | 村 | 마을 | 촌: |
| 老 | 늙을 | 로: | 少 | 적을 | 소: | 祖 | 할아비 | 조 | 秋 | 가을 | 추 |
| 里 | 마을 | 리: | 所 | 바 | 소: | 主 | 임금 | 주 | 春 | 봄 | 춘 |
| 林 | 수풀 | 림 | 數 | 셈 | 수: | | 주인 | 주 | 出 | 날(生) | 출 |

| 便 | 편할 | 편(:) | 夏 | 여름 | 하: | 休 | 쉴 | 휴 |
|---|---|---|---|---|---|---|---|---|
| | 똥오줌 | 변 | 花 | 꽃 | 화 | | | |

☑ 7급 배정한자는 모두 150자로, 7급Ⅱ 배정한자(100자)를 제외한 50자만을 담았습니다. 8급, 7급Ⅱ와 마찬가지로 쓰기 배정한자는 없습니다.

## 6급Ⅱ 배정한자(75자)

| 各 | 각각 | 각 | | 구절 | 두 | 線 | 줄 | 선 | 意 | 뜻 | 의: |
|---|---|---|---|---|---|---|---|---|---|---|---|
| 角 | 뿔 | 각 | 童 | 아이 | 동(:) | 雪 | 눈 | 설 | 作 | 지을 | 작 |
| 界 | 지경 | 계: | 等 | 무리 | 등: | 成 | 이룰 | 성 | 昨 | 어제 | 작 |
| 計 | 셀 | 계: | 樂 | 즐길 | 락 | 省 | 살필 | 성 | 才 | 재주 | 재 |
| 高 | 높을 | 고 | | 노래 | 악 | | 덜 | 생 | 戰 | 싸움 | 전: |
| 公 | 공평할 | 공 | | 좋아할 | 요 | 消 | 사라질 | 소 | 庭 | 뜰 | 정 |
| 共 | 한가지 | 공: | 利 | 이할 | 리: | 術 | 재주 | 술 | 第 | 차례 | 제: |
| 功 | 공(勳) | 공 | 理 | 다스릴 | 리: | 始 | 비로소 | 시: | 題 | 제목 | 제 |
| 果 | 실과 | 과 | 明 | 밝을 | 명 | 信 | 믿을 | 신: | 注 | 부을 | 주: |
| 科 | 과목 | 과 | 聞 | 들을 | 문(:) | 新 | 새 | 신 | 集 | 모을 | 집 |
| 光 | 빛 | 광 | 半 | 반(半) | 반: | 神 | 귀신 | 신 | 窓 | 창 | 창 |
| 球 | 공 | 구 | 反 | 돌이킬 | 반: | 身 | 몸 | 신 | 淸 | 맑을 | 청 |
| 今 | 이제 | 금 | | 돌아올 | 반: | 弱 | 약할 | 약 | 體 | 몸 | 체 |
| 急 | 급할 | 급 | 班 | 나눌 | 반 | 藥 | 약 | 약 | 表 | 겉 | 표 |
| 短 | 짧을 | 단(:) | 發 | 필 | 발 | 業 | 업 | 업 | 風 | 바람 | 풍 |
| 堂 | 집 | 당 | 放 | 놓을 | 방(:) | 勇 | 날랠 | 용: | 幸 | 다행 | 행: |
| 代 | 대신할 | 대: | 部 | 떼 | 부 | 用 | 쓸 | 용: | 現 | 나타날 | 현: |
| 對 | 대할 | 대: | 分 | 나눌 | 분(:) | 運 | 옮길 | 운: | 形 | 모양 | 형 |
| 圖 | 그림 | 도 | 社 | 모일 | 사 | 音 | 소리 | 음 | 和 | 화할 | 화 |
| 讀 | 읽을 | 독 | 書 | 글 | 서 | 飮 | 마실 | 음(:) | 會 | 모일 | 회: |

☑ 6급Ⅱ 배정한자는 모두 225자로, 7급 배정한자(150자)를 제외한 75자만을 담았습니다. 쓰기 배정한자 8급 50자입니다.

## 6급 배정한자(75자)

| 感 | 느낄 | 감: | 綠 | 푸를 | 록 | 習 | 익힐 | 습 | 章 | 글 | 장 |
| 強 | 강할 | 강(:) | 李 | 오얏 | 리: | 勝 | 이길 | 승 | 在 | 있을 | 재: |
| 開 | 열 | 개 | | 성(姓) | 리: | 式 | 법 | 식 | 定 | 정할 | 정: |
| 京 | 서울 | 경 | 目 | 눈 | 목 | 失 | 잃을 | 실 | 朝 | 아침 | 조 |
| 古 | 예 | 고: | 米 | 쌀 | 미 | 愛 | 사랑 | 애(:) | 族 | 겨레 | 족 |
| 苦 | 쓸[味覺] | 고 | 美 | 아름다울 | 미(:) | 夜 | 밤 | 야: | 晝 | 낮 | 주 |
| 交 | 사귈 | 교 | 朴 | 성(姓) | 박 | 野 | 들(坪) | 야: | 親 | 친할 | 친 |
| 區 | 구분할 | 구 | 番 | 차례 | 번 | 洋 | 큰바다 | 양 | 太 | 클 | 태 |
| | 지경 | 구 | 別 | 다를 | 별 | 陽 | 볕 | 양 | 通 | 통할 | 통 |
| | | | | 나눌 | 별 | 言 | 말씀 | 언 | 特 | 특별할 | 특 |
| 郡 | 고을 | 군: | 病 | 병 | 병: | 永 | 길 | 영: | 合 | 합할 | 합 |
| 根 | 뿌리 | 근 | 服 | 옷 | 복 | 英 | 꽃부리 | 영 | 行 | 다닐 | 행(:) |
| 近 | 가까울 | 근: | 本 | 근본 | 본 | 溫 | 따뜻할 | 온 | | 항렬 | 항 |
| 級 | 등급 | 급 | 使 | 하여금 | 사: | 園 | 동산 | 원 | 向 | 향할 | 향: |
| 多 | 많을 | 다 | | 부릴 | 사: | 遠 | 멀 | 원: | 號 | 이름 | 호(:) |
| 待 | 기다릴 | 대: | 死 | 죽을 | 사: | 油 | 기름 | 유 | 畫 | 그림 | 화: |
| 度 | 법도 | 도(:) | 席 | 자리 | 석 | 由 | 말미암을 | 유 | | 그을 | 획(劃) |
| | 헤아릴 | 탁 | 石 | 돌 | 석 | 銀 | 은 | 은 | 黃 | 누를 | 황 |
| 頭 | 머리 | 두 | 速 | 빠를 | 속 | 衣 | 옷 | 의 | 訓 | 가르칠 | 훈: |
| 例 | 법식 | 례: | 孫 | 손자 | 손(:) | 醫 | 의원 | 의 | | | |
| 禮 | 예도 | 례: | 樹 | 나무 | 수 | 者 | 놈 | 자 | | | |
| 路 | 길 | 로: | | | | | | | | | |

☑ 6급 배정한자는 모두 300자로, 6급II 배정한자(225자)를 제외한 75자만을 담았습니다. 쓰기 배정한자 7급 150자입니다.

# 사자성어(四字成語)

## 8급 사자성어

**國民年金** 나라 국 백성 민 해 년 쇠 금
일정 기간 또는 죽을 때까지 해마다 지급되는 일정액의 돈 (국민연금)

**父母兄弟** 아비 부 어미 모 형 형 아우 제
아버지·어머니·형·아우라는 뜻으로, 가족을 이르는 말

**生年月日** 날 생 해 년 달 월 날 일
태어난 해와 달과 날

**大韓民國** 큰 대 한나라 한 백성 민 나라 국
우리나라의 국호(나라이름)

**三三五五** 석 삼 석 삼 다섯 오 다섯 오
서너 사람 또는 대여섯 사람이 떼를 지어 다니거나 무슨 일을 함

**十中八九** 열 십 가운데 중 여덟 팔 아홉 구
열 가운데 여덟이나 아홉 정도로 거의 대부분이거나 거의 틀림 없음

**東西南北** 동녘 동 서녘 서 남녘 남 북녘 북
동쪽·서쪽·남쪽·북쪽이라는 뜻으로, 모든 방향을 이르는 말

## 7급 II 사자성어

**南男北女** 남녘 남 사내 남 북녘 북 계집 녀
우리나라에서, 남자는 남쪽 지방 사람이 잘나고 여자는 북쪽 지방 사람이 고움을 이르는 말

**上下左右** 윗 상 아래 하 왼 좌 오른 우
위·아래·왼쪽·오른쪽을 이르는 말로, 모든 방향을 이름

**土木工事** 흙 토 나무 목 장인 공 일 사
땅과 하천 따위를 고쳐 만드는 공사

**四方八方** 넉 사 모 방 여덟 팔 모 방
여기저기 모든 방향이나 방면

**世上萬事** 인간 세 윗 상 일만 만 일 사
세상에서 일어나는 온갖 일

**八道江山** 여덟 팔 길 도 강 강 메 산
팔도의 강산이라는 뜻으로, 우리나라 전체의 강산을 이르는 말

**四海兄弟** 넉 사 바다 해 형 형 아우 제
온 세상 사람이 모두 형제와 같다는 뜻으로, 친밀함을 이르는 말

**人山人海** 사람 인 메 산 사람 인 바다 해
사람이 수없이 많이 모인 상태를 이르는 말

## 7급 사자성어

**男女老少** 사내 남 계집 녀 늙을 로 적을 소
남자와 여자, 나이 든 사람과 젊은 사람이란 뜻으로 모든 사람을 이르는 말 (남녀노소)

**百萬大軍** 일백 백 일만 만 큰 대 군사 군
아주 많은 병사로 조직된 군대를 이르는 말

**月下老人** 달 월 아래 하 늙을 로 사람 인
부부의 인연을 맺어 준다는 전설상의 노인 (월하노인)

**男中一色** 사내 남 가운데 중 한 일 빛 색
남자의 얼굴이 썩 뛰어나게 잘 생김

**不老長生** 아닐 불 늙을 로 긴 장 날 생
늙지 아니하고 오래 삶

**二八青春** 두 이 여덟 팔 푸를 청 봄 춘
16세 무렵의 꽃다운 청춘

**東問西答** 동녘 동 물을 문 서녘 서 대답 답
물음과는 전혀 상관없는 엉뚱한 대답

**不立文字** 아닐 불 설 립 글월 문 글자 자
불도의 깨달음은 마음에서 마음으로 전하는 것이므로 말이나 글에 의지하지 않는다는 말

**一問一答** 한 일 물을 문 한 일 대답 답
한 번 물음에 한 번 대답함

**萬里長天** 일만 만 마을 리 긴 장 하늘 천
아득히 높고 먼 하늘

**山川草木** 메 산 내 천 풀 초 나무 목
산과 내와 풀과 나무, 곧 자연을 이르는 말

**一日三秋** 한 일 날 일 석 삼 가을 추
하루가 삼 년 같다는 뜻으로, 몹시 애태우며 기다림을 이르는 말

**名山大川** 이름 명 메 산 큰 대 내 천
이름난 산과 큰 내

**安心立命** 편안 안 마음 심 설 립 목숨 명
하찮은 일에 흔들리지 않는 경지 (안심입명)

**自問自答** 스스로 자 물을 문 스스로 자 대답 답
스스로 묻고 스스로 대답함

배정한자

| 自 生 植 物 | 산이나 들, 강이나 바다에서 저절로 나는 식물 |
|---|---|
| 스스로자 날 생 심을 식 물건 물 | |

| 地 上 天 國 | 이 세상에서 이룩되는 다시 없이 자유롭고 풍족하며 행복한 사회 |
|---|---|
| 따 지 윗 상 하늘 천 나라 국 | |

| 草 食 動 物 | 풀을 주로 먹고 사는 동물 |
|---|---|
| 풀 초 먹을 식 움직일 동 물건 물 | |

| 全 心 全 力 | 온 마음과 온 힘 |
|---|---|
| 온전 전 마음 심 온전 전 힘 력 | |

| 靑 天 白 日 | 하늘이 맑게 갠 대낮 |
|---|---|
| 푸를 청 하늘 천 흰 백 날 일 | |

| 春 夏 秋 冬 | 봄·여름·가을·겨울의 사계절 |
|---|---|
| 봄 춘 여름 하 가을 추 겨울 동 | |

## 6급 II 사자성어

| 家 內 工 業 | 집안에서 단순한 기술과 도구로써 작은 규모로 생산하는 수공업 |
|---|---|
| 집 가 안 내 장인 공 업 업 | |

| 百 發 百 中 | 백 번 쏘아 백 번 맞힌다는 뜻으로, 총이나 활 따위를 쏠 때마다 겨눈 곳에 다 맞음을 이르는 말 |
|---|---|
| 일백 백 필 발 일백 백 가운데 중 | |

| 一 心 同 體 | 한마음 한 몸이라는 뜻으로, 서로 굳게 결합함을 이르는 말 |
|---|---|
| 한 일 마음 심 한가지 동 몸 체 | |

| 家 庭 敎 育 | 가정의 일상생활 가운데 집안 어른들이 자녀들에게 주는 영향이나 가르침 |
|---|---|
| 집 가 뜰 정 가르칠 교 기를 육 | |

| 四 面 春 風 | 누구에게나 좋게 대하는 일 |
|---|---|
| 넉 사 낯 면 봄 춘 바람 풍 | |

| 一 日 三 省 | 하루에 세 가지 일로 자신을 되돌아보고 살핌 |
|---|---|
| 한 일 날 일 석 삼 살필 성 | |

| 各 人 各 色 | 사람마다 각기 다름 |
|---|---|
| 각각 각 사람 인 각각 각 빛 색 | |

| 山 戰 水 戰 | 세상의 온갖 고생과 어려움을 다 겪었음을 이르는 말 |
|---|---|
| 메 산 싸움 전 물 수 싸움 전 | |

| 一 長 一 短 | 일면의 장점과 다른 일면의 단점을 통틀어 이르는 말 |
|---|---|
| 한 일 긴 장 한 일 짧을 단 | |

| 各 自 圖 生 | 제각기 살아 나갈 방법을 꾀함 |
|---|---|
| 각각 각 스스로 자 그림 도 날 생 | |

| 三 十 六 計 | 서른여섯 가지의 꾀, 많은 모계(謀計)의 이름 (삼십육계) |
|---|---|
| 석 삼 열 십 여섯 륙 셀 계 | |

| 自 手 成 家 | 물려받은 재산이 없이 자기 혼자의 힘으로 집안을 일으키고 재산을 모음 |
|---|---|
| 스스로 자 손 수 이룰 성 집 가 | |

| 高 等 動 物 | 복잡한 체제를 갖춘 동물 |
|---|---|
| 높을 고 무리 등 움직일 동 물건 물 | |

| 世 界 平 和 | 전 세계가 평온하고 화목함 |
|---|---|
| 인간 세 지경 계 평평할 평 화할 화 | |

| 天 下 第 一 | 세상에 견줄 만한 것이 없이 최고임 |
|---|---|
| 하늘 천 아래 하 차례 제 한 일 | |

| 公 明 正 大 | 하는 일이나 행동이 사사로움이 없이 떳떳하고 바름 |
|---|---|
| 공평할 공 밝을 명 바를 정 큰 대 | |

| 時 間 問 題 | 이미 결과가 뻔하여 조만간 저절로 해결될 문제 |
|---|---|
| 때 시 사이 간 물을 문 제목 제 | |

| 淸 風 明 月 | 맑은 바람과 밝은 달 |
|---|---|
| 맑을 청 바람 풍 밝을 명 달 월 | |

| 大 明 天 地 | 아주 환하게 밝은 세상 |
|---|---|
| 큰 대 밝을 명 하늘 천 따 지 | |

| 市 民 社 會 | 신분적 구속에 지배되지 않으며, 자유롭고 평등한 개인의 이성적 결합으로 이루어진 사회 |
|---|---|
| 저자 시 백성 민 모일 사 모일 회 | |

| 下 等 動 物 | 진화 정도가 낮아 몸의 구조가 단순한 원시적인 동물 |
|---|---|
| 아래 하 무리 등 움직일 동 물건 물 | |

| 門 前 成 市 | 찾아오는 사람이 많아 집 문 앞이 시장을 이루다시피 함을 이르는 말 |
|---|---|
| 문 문 앞 전 이룰 성 저자 시 | |

| 樂 山 樂 水 | 산과 물을 좋아한다는 것으로 즉 자연을 좋아함 |
|---|---|
| 좋아할 요 메 산 좋아할 요 물 수 | |

| 形 形 色 色 | 상과 빛깔 따위가 서로 다른 여러 가지 |
|---|---|
| 모양 형 모양 형 빛 색 빛 색 | |

| 百 年 大 計 | 먼 앞날까지 미리 내다보고 세우는 크고 중요한 계획 |
|---|---|
| 일백 백 해 년 큰 대 셀 계 | |

| 人 事 不 省 | 제 몸에 벌어지는 일을 모를 만큼 정신을 잃은 상태 |
|---|---|
| 사람 인 일 사 아닐 불 살필 성 | |

| 白 面 書 生 | 한갓 글만 읽고 세상일에는 전혀 경험이 없는 사람 |
|---|---|
| 흰 백 낯 면 글 서 날 생 | |

| 人 海 戰 術 | 우수한 화기보다 다수의 병력을 투입하여 적을 압도하는 전술 |
|---|---|
| 사람 인 바다 해 싸움 전 재주 술 | |

15

# 사자성어(四字成語)

| 사자성어 | 뜻 |
|---|---|
| **高速道路**<br>높을 고 빠를 속 길 도 길 로 | 차의 빠른 통행을 위하여 만든 차전용의 도로 |
| **交通信號**<br>사귈 교 통할 통 믿을 신 이름 호 | 교차로나 횡단보도, 건널목 따위에서 사람이나 차량이 질서 있게 길을 가도록 하는 기호나 등화(燈火) |
| **九死一生**<br>아홉 구 죽을 사 한 일 날 생 | 아홉 번 죽을 뻔하다 한 번 살아난다는 뜻으로, 죽을 고비를 여러 차례 넘기고 겨우 살아남을 이르는 말 |
| **男女有別**<br>사내 남 계집 녀 있을 유 다를 별 | 남자와 여자 사이에 분별이 있어야 함을 이르는 말 |
| **代代孫孫**<br>대신 대 대신 대 손자 손 손자 손 | 오래도록 내려오는 여러 대 |
| **同苦同樂**<br>한가지 동 쓸 고 한가지 동 즐거울 락 | 괴로움과 즐거움을 함께 함 |
| **同生共死**<br>한가지 동 날 생 한가지 공 죽을 사 | 서로 같이 살고 같이 죽음 |
| **東西古今**<br>동녘 동 서녘 서 예 고 이제 금 | 동양과 서양, 옛날과 지금을 통틀어 이르는 말 |
| **同姓同本**<br>한가지 동 성 성 한가지 동 근본 본 | 성(姓)과 본관이 모두 같음 |
| **同時多發**<br>한가지 동 때 시 많을 다 필 발 | 연이어 일이 발생함 |
| **萬國信號**<br>일만 만 나라 국 믿을 신 이름 호 | 배와 배 사이 또는 배와 육지 사이의 연락을 위하여 국제적으로 쓰는 신호 |
| **百萬長者**<br>일백 백 일만 만 긴 장 놈 자 | 재산이 매우 많은 사람 또는 아주 큰 부자 |
| **白衣民族**<br>흰 백 옷 의 백성 민 겨레 족 | 흰옷을 입은 민족이라는 뜻으로, '한민족'을 이르는 말 |
| **百戰百勝**<br>일백 백 싸움 전 일백 백 이길 승 | 싸울 때마다 다 이김 |
| **別有天地**<br>다를 별 있을 유 하늘 천 따 지 | 별세계, 딴 세상 |
| **不遠千里**<br>아닐 불 멀 원 일천 천 마을 리 | 천리를 멀다 여기지 아니함 |
| **父子有親**<br>아비 부 아들 자 있을 유 친할 친 | 아버지와 아들 사이의 도리는 친애에 있음을 이름 |
| **生老病死**<br>날 생 늙을 로 병 병 죽을 사 | 사람이 나고 늙고 병들고 죽는 네 가지 고통 |
| **生死苦樂**<br>날 생 죽을 사 쓸 고 즐거울 락 | 삶과 죽음, 괴로움과 즐거움을 통틀어 이르는 말 |
| **新聞記者**<br>새 신 들을 문 기록할 기 놈 자 | 신문에 실을 자료를 수집, 취재, 집필, 편집하는 사람 |
| **愛國愛族**<br>사랑 애 나라 국 사랑 애 겨레 족 | 나라와 민족을 아낌 |
| **野生動物**<br>들 야 날 생 움직일 동 물건 물 | 산이나 들에서 저절로 나서 자라는 동물 |
| **年中行事**<br>해 년 가운데 중 다닐 행 일 사 | 해마다 일정한 시기를 정하여 놓고 하는 행사 (연중행사) |
| **英才敎育**<br>꽃부리 영 재주 재 가르침 교 기를 육 | 천재아의 재능을 훌륭하게 발전시키기 위한 특수교육 |
| **人命在天**<br>사람 인 목숨 명 있을 재 하늘 천 | 사람의 목숨은 하늘에 달려 있다는 말 |
| **一口二言**<br>한 일 입 구 두 이 말씀 언 | 한 입으로 두 말을 한다는 뜻으로, 한 가지 일에 대하여 말을 이랬다 저랬다 함을 이르는 말 |
| **一朝一夕**<br>한 일 아침 조 한 일 저녁 석 | 하루 아침과 하루 저녁이라는 뜻으로, 짧은 시일을 이르는 말 |
| **子孫萬代**<br>아들 자 손자 손 일만 만 대신 대 | 오래도록 내려오는 여러 대 |
| **自由自在**<br>스스로 자 말미암을 유 스스로 자 있을 재 | 거침없이 자기 마음대로 할 수 있음 |
| **作心三日**<br>지을 작 마음 심 석 삼 날 일 | 단단히 먹은 마음이 사흘이 가지 못한다는 뜻으로, 결심이 굳지 못함을 이르는 말 |
| **電光石火**<br>번개 전 빛 광 돌 석 불 화 | 번갯불이나 부싯돌의 불이 번쩍거리는 것과 같이 매우 짧은 시간이나 매우 재빠른 움직임 따위를 비유적으로 이르는 말 |
| **晝夜長川**<br>낮 주 밤 야 긴 장 내 천 | 밤낮으로 쉬지 아니하고 연달아 |
| **千萬多幸**<br>일천 천 일만 만 많을 다 다행 행 | 아주 다행함 |
| **草綠同色**<br>풀 초 푸를 록 한가지 동 빛 색 | 이름이 다르나 따지고 보면 한 가지 것이라는 말 |
| **特別活動**<br>특별할 특 다를 별 살 활 움직일 동 | 학교 교육 과정에서 교과 학습 이외의 교육활동 |
| **八方美人**<br>여덟 팔 모 방 아름다울 미 사람 인 | 어느 모로 보나 아름다운 사람이라는 뜻으로, 여러 방면에 능통한 사람 |
| **行方不明**<br>다닐 행 모 방 아닐 불 밝을 명 | 간 곳이나 방향을 모름 |
| **花朝月夕**<br>꽃 화 아침 조 달 월 저녁 석 | 꽃 피는 아침과 달 밝은 밤이라는 뜻으로, 경치가 좋은 시절을 이르는 말 |
| **訓民正音**<br>가르칠 훈 백성 민 바를 정 소리 음 | 백성을 가르치는 바른 소리라는 뜻으로, 1443년에 세종대왕이 창제한 우리나라 글자를 이르는 말 |

| | | | | | | | | |
|---|---|---|---|---|---|---|---|---|
| 江(강)<br>7급Ⅱ | ↔ | 山(산)<br>8급 | 問(문)<br>7급 | ↔ | 答(답)<br>7급Ⅱ | 言(언)<br>6급 | ↔ | 文(문)<br>7급 |
| 強(강)<br>6급 | ↔ | 弱(약)<br>6급Ⅱ | 物(물)<br>7급Ⅱ | ↔ | 心(심)<br>7급 | 言(언)<br>6급 | ↔ | 行(행)<br>6급 |
| 古(고)<br>6급 | ↔ | 今(금)<br>6급Ⅱ | 父(부)<br>8급 | ↔ | 母(모)<br>8급 | 右(우)<br>7급Ⅱ | ↔ | 左(좌)<br>7급Ⅱ |
| 苦(고)<br>6급 | ↔ | 樂(락)<br>6급Ⅱ | 父(부)<br>8급 | ↔ | 子(자)<br>7급Ⅱ | 遠(원)<br>6급 | ↔ | 近(근)<br>6급 |
| 高(고)<br>6급Ⅱ | ↔ | 下(하)<br>7급Ⅱ | 北(북)<br>8급 | ↔ | 南(남)<br>8급 | 月(월)<br>8급 | ↔ | 日(일)<br>8급 |
| 教(교)<br>8급 | ↔ | 習(습)<br>6급 | 分(분)<br>6급Ⅱ | ↔ | 合(합)<br>6급 | 日(일)<br>8급 | ↔ | 月(월)<br>8급 |
| 教(교)<br>8급 | ↔ | 學(학)<br>8급 | 死(사)<br>6급 | ↔ | 生(생)<br>8급 | 入(입)<br>7급 | ↔ | 出(출)<br>7급 |
| 今(금)<br>6급Ⅱ | ↔ | 古(고)<br>6급 | 死(사)<br>6급 | ↔ | 活(활)<br>7급Ⅱ | 子(자)<br>7급Ⅱ | ↔ | 女(녀)<br>8급 |
| 男(남)<br>7급Ⅱ | ↔ | 女(녀)<br>8급 | 山(산)<br>8급 | ↔ | 海(해)<br>7급Ⅱ | 子(자)<br>7급Ⅱ | ↔ | 母(모)<br>8급 |
| 南(남)<br>8급 | ↔ | 北(북)<br>8급 | 上(상)<br>7급Ⅱ | ↔ | 下(하)<br>7급Ⅱ | 昨(작)<br>6급Ⅱ | ↔ | 今(금)<br>6급Ⅱ |
| 內(내)<br>7급Ⅱ | ↔ | 外(외)<br>8급 | 生(생)<br>8급 | ↔ | 死(사)<br>6급 | 長(장)<br>8급 | ↔ | 短(단)<br>6급Ⅱ |
| 老(노)<br>7급 | ↔ | 少(소)<br>7급 | 先(선)<br>8급 | ↔ | 後(후)<br>7급Ⅱ | 前(전)<br>7급Ⅱ | ↔ | 後(후)<br>7급Ⅱ |
| 多(다)<br>6급 | ↔ | 少(소)<br>7급 | 手(수)<br>7급Ⅱ | ↔ | 足(족)<br>7급Ⅱ | 正(정)<br>7급Ⅱ | ↔ | 反(반)<br>6급Ⅱ |
| 短(단)<br>6급Ⅱ | ↔ | 長(장)<br>8급 | 水(수)<br>8급 | ↔ | 火(화)<br>8급 | 弟(제)<br>8급 | ↔ | 兄(형)<br>8급 |
| 大(대)<br>8급 | ↔ | 小(소)<br>8급 | 新(신)<br>6급Ⅱ | ↔ | 古(고)<br>6급 | 朝(조)<br>6급 | ↔ | 夕(석)<br>7급 |
| 東(동)<br>8급 | ↔ | 西(서)<br>8급 | 身(신)<br>6급Ⅱ | ↔ | 心(심)<br>7급 | 祖(조)<br>7급 | ↔ | 孫(손)<br>6급 |
| 冬(동)<br>7급 | ↔ | 夏(하)<br>7급 | 心(심)<br>7급 | ↔ | 身(신)<br>6급Ⅱ | 朝(조)<br>6급 | ↔ | 野(야)<br>6급 |
| 母(모)<br>8급 | ↔ | 子(자)<br>7급Ⅱ | 心(심)<br>7급 | ↔ | 體(체)<br>6급Ⅱ | 左(좌)<br>7급Ⅱ | ↔ | 右(우)<br>7급Ⅱ |

## 반대자(反對字) - 뜻이 반대되는 한자(漢字)

| 晝(주) 6급 | ↔ | 夜(야) 6급 | 出(출) 7급 | ↔ | 入(입) 7급 | 和(화) 6급II | ↔ | 戰(전) 6급II |
|---|---|---|---|---|---|---|---|---|
| 中(중) 8급 | ↔ | 外(외) 8급 | 夏(하) 7급 | ↔ | 冬(동) 7급 | 後(후) 7급II | ↔ | 先(선) 8급 |
| 天(천) 7급 | ↔ | 地(지) 7급 | 海(해) 7급II | ↔ | 空(공) 7급II | | | |
| 春(춘) 7급 | ↔ | 秋(추) 7급 | 兄(형) 8급 | ↔ | 弟(제) 8급 | | | |

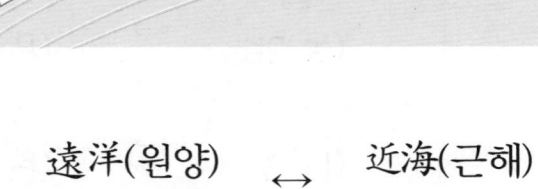

## 반대어(反對語) - 뜻이 반대되는 한자어(漢字語)

| 遠洋(원양) 6급 6급 | ↔ | 近海(근해) 6급 7급II | 訓讀(훈독) 6급 6급II | ↔ | 音讀(음독) 6급II 6급II |
|---|---|---|---|---|---|

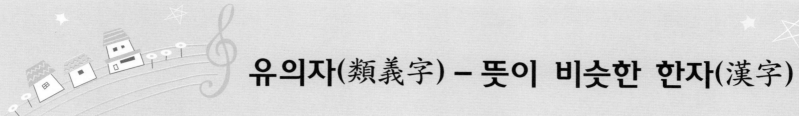

| | | | | | | | | |
|---|---|---|---|---|---|---|---|---|
| 家(가) 7급II | _ | 室(실) 8급 | 圖(도) 6급II | _ | 畫(화) 6급 | 生(생) 8급 | _ | 出(출) 7급 |
| 歌(가) 7급 | _ | 樂(악) 6급II | 同(동) 7급 | _ | 等(등) 6급II | 生(생) 8급 | _ | 活(활) 7급II |
| 計(계) 6급II | _ | 算(산) 7급 | 洞(동) 7급 | _ | 里(리) 7급 | 世(세) 7급II | _ | 界(계) 6급II |
| 計(계) 6급II | _ | 數(수) 7급 | 同(동) 7급 | _ | 一(일) 8급 | 世(세) 7급II | _ | 代(대) 6급II |
| 共(공) 6급II | _ | 同(동) 7급 | 等(등) 6급II | _ | 級(급) 6급 | 樹(수) 6급 | _ | 林(림) 7급 |
| 工(공) 7급II | _ | 作(작) 6급II | 明(명) 6급II | _ | 光(광) 6급II | 樹(수) 6급 | _ | 木(목) 8급 |
| 科(과) 6급II | _ | 目(목) 6급 | 明(명) 6급II | _ | 白(백) 8급 | 習(습) 6급 | _ | 學(학) 8급 |
| 光(광) 6급II | _ | 明(명) 6급II | 名(명) 7급II | _ | 號(호) 6급 | 式(식) 6급 | _ | 例(례) 6급 |
| 光(광) 6급II | _ | 色(색) 7급 | 文(문) 7급 | _ | 書(서) 6급II | 身(신) 6급II | _ | 體(체) 6급II |
| 教(교) 8급 | _ | 訓(훈) 6급 | 文(문) 7급 | _ | 章(장) 6급 | 室(실) 8급 | _ | 家(가) 7급II |
| 區(구) 6급 | _ | 別(별) 6급 | 方(방) 7급II | _ | 道(도) 7급II | 樂(악) 6급II | _ | 歌(가) 7급 |
| 區(구) 6급 | _ | 分(분) 6급II | 方(방) 7급II | _ | 正(정) 7급II | 安(안) 7급II | _ | 全(전) 7급II |
| 郡(군) 6급 | _ | 邑(읍) 7급 | 番(번) 6급 | _ | 第(제) 6급II | 安(안) 7급II | _ | 平(평) 7급II |
| 根(근) 6급 | _ | 本(본) 6급 | 本(본) 6급 | _ | 根(근) 6급 | 言(언) 6급 | _ | 語(어) 7급 |
| 急(급) 6급II | _ | 速(속) 6급 | 分(분) 6급II | _ | 區(구) 6급 | 業(업) 6급II | _ | 事(사) 7급II |
| 綠(녹) 6급 | _ | 青(청) 8급 | 分(분) 6급II | _ | 別(별) 6급 | 永(영) 6급 | _ | 遠(원) 6급 |
| 堂(당) 6급II | _ | 室(실) 8급 | 事(사) 7급II | _ | 業(업) 6급II | 英(영) 6급 | _ | 特(특) 6급 |
| 道(도) 7급II | _ | 路(로) 6급 | 社(사) 6급II | _ | 會(회) 6급II | 例(예) 6급 | _ | 式(식) 6급 |
| 道(도) 7급II | _ | 理(리) 6급II | 算(산) 7급 | _ | 數(수) 7급 | 運(운) 6급II | _ | 動(동) 7급II |

## 유의자(類義字) – 뜻이 비슷한 한자(漢字)

| 衣(의) | _ | 服(복) | 村(촌) | _ | 里(리) | 海(해) | _ | 洋(양) |
|---|---|---|---|---|---|---|---|---|
| 6급 | | 6급 | 7급 | | 7급 | 7급Ⅱ | | 6급 |
| 一(일) | _ | 同(동) | 出(출) | _ | 生(생) | 行(행) | _ | 動(동) |
| 8급 | | 7급 | 7급 | | 8급 | 6급 | | 7급Ⅱ |
| 才(재) | _ | 術(술) | 土(토) | _ | 地(지) | 形(형) | _ | 式(식) |
| 6급Ⅱ | | 6급Ⅱ | 8급 | | 7급 | 6급Ⅱ | | 6급 |
| 正(정) | _ | 方(방) | 洞(통) | _ | 通(통) | 畫(화) | _ | 圖(도) |
| 7급Ⅱ | | 7급Ⅱ | 7급 | | 6급 | 6급 | | 6급Ⅱ |
| 正(정) | _ | 直(직) | 便(편) | _ | 安(안) | 話(화) | _ | 言(언) |
| 7급Ⅱ | | 7급Ⅱ | 7급 | | 7급Ⅱ | 7급Ⅱ | | 6급 |
| 題(제) | _ | 目(목) | 平(평) | _ | 等(등) | 和(화) | _ | 平(평) |
| 6급Ⅱ | | 6급 | 7급Ⅱ | | 6급Ⅱ | 6급Ⅱ | | 7급Ⅱ |
| 集(집) | _ | 會(회) | 平(평) | _ | 安(안) | 會(회) | _ | 社(사) |
| 6급Ⅱ | | 6급Ⅱ | 7급Ⅱ | | 7급Ⅱ | 6급Ⅱ | | 6급Ⅱ |
| 靑(청) | _ | 綠(록) | 平(평) | _ | 和(화) | 會(회) | _ | 集(집) |
| 8급 | | 6급 | 7급Ⅱ | | 6급Ⅱ | 6급Ⅱ | | 6급Ⅱ |
| 體(체) | _ | 身(신) | 學(학) | _ | 習(습) | 訓(훈) | _ | 敎(교) |
| 6급Ⅱ | | 6급Ⅱ | 8급 | | 6급 | 6급 | | 8급 |

## 유의어(類義語) – 뜻이 비슷한 한자어(漢字語)

| 部門(부문) | _ | 分野(분야) | 不老草(불로초) | _ | 不死藥(불사약) |
|---|---|---|---|---|---|
| 6급Ⅱ 8급 | | 6급Ⅱ 6급 | 7급Ⅱ 7급 7급 | | 7급Ⅱ 6급 6급Ⅱ |

# 약자(略字)

| 區 | _ | 区 |
|---|---|---|
| 구분할/지경 구 | | 6급 |

| 國 | _ | 国 |
|---|---|---|
| 나라 국 | | 8급 |

| 氣 | _ | 気 |
|---|---|---|
| 기운 기 | | 7급Ⅱ |

| 對 | _ | 対 |
|---|---|---|
| 대할 대: | | 6급Ⅱ |

| 圖 | _ | 図 |
|---|---|---|
| 그림 도 | | 6급Ⅱ |

| 讀 | _ | 読 |
|---|---|---|
| 읽을 독 구절 두 | | 6급Ⅱ |

| 樂 | _ | 楽 |
|---|---|---|
| 즐길 락 노래 악 좋아할 요 | | 6급Ⅱ |

| 來 | _ | 来 |
|---|---|---|
| 올 래(:) | | 7급 |

| 禮 | _ | 礼 |
|---|---|---|
| 예도 례: | | 6급 |

| 萬 | _ | 万 |
|---|---|---|
| 일만 만: | | 8급 |

| 發 | _ | 発 |
|---|---|---|
| 필 발 | | 6급Ⅱ |

| 數 | _ | 数 |
|---|---|---|
| 셈 수: | | 7급 |

| 藥 | _ | 薬 |
|---|---|---|
| 약 약 | | 6급Ⅱ |

| 溫 | _ | 温 |
|---|---|---|
| 따뜻할 온 | | 6급 |

| 遠 | _ | 遠 |
|---|---|---|
| 멀 원: | | 6급 |

| 醫 | _ | 医 |
|---|---|---|
| 의원 의 | | 6급 |

| 者 | _ | 者 |
|---|---|---|
| 놈 자 | | 6급 |

| 戰 | _ | 战, 戰 |
|---|---|---|
| 싸움 전: | | 6급Ⅱ |

| 定 | _ | 㝎 |
|---|---|---|
| 정할 정: | | 6급 |

| 晝 | _ | 昼 |
|---|---|---|
| 낮 주 | | 6급 |

| 體 | _ | 体 |
|---|---|---|
| 몸 체 | | 6급Ⅱ |

| 學 | _ | 学 |
|---|---|---|
| 배울 학 | | 8급 |

| 號 | _ | 号 |
|---|---|---|
| 이름 호(:) | | 6급 |

| 畫 | _ | 画 |
|---|---|---|
| 그림 화: 그을 획(劃) | | 6급 |

| 會 | _ | 会 |
|---|---|---|
| 모일 회: | | 6급Ⅱ |

# 한자능력검정시험

**6**급 **예상문제**
(1회~9회)

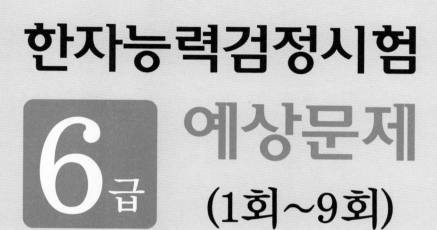

- 예상문제(1회~9회)
- 정답(64p~66p)

➔ 본 예상문제는 수험생들의 기억에 의하여 재생된 기출문제를
  토대로 분석하고 연구하여 만든 문제입니다.

## 01 다음 밑줄 친 漢字語의 讀音을 쓰세요. (1~33)

| 보기 | 漢字 → 한자 |
|---|---|

1 農家의 수가 점점 줄어든다. [　　]

2 그는 每事에 빈틈이 없다. [　　]

3 환경이 急速도로 오염되어 간다. [　　]

4 公共의 이익을 도모한다. [　　]

5 短命한 천재들이 많다고 한다. [　　]

6 各自 맡은 일에 충실하자. [　　]

7 風聞에 의하면 그가 중이 되었다고 한다.
[　　]

8 보는 角度에 따라 모양이 다르다. [　　]

9 그가 班長으로 선출되었다. [　　]

10 正答을 맞히는 일이 힘들다. [　　]

11 합격자가 發表되었다. [　　]

12 工科대학에 입학했다. [　　]

13 색깔을 區別하기가 힘들었다. [　　]

14 한약을 服用하고 나서 건강해졌다. [　　]

15 어려운 일의 해결에 한 가닥 光明이 비친다.
[　　]

16 햇볕의 기운을 陽氣라고 한다. [　　]

17 도적의 頭目은 눈이 부리부리하였다. [　　]

18 海洋을 감시하는 위성을 발사하였다. [　　]

19 童心으로 돌아가기란 쉬운 일이 아니다.
[　　]

20 物理학은 어려운 학문이다. [　　]

21 그는 病弱하여 자주 결석을 한다. [　　]

22 기계로 作業을 하니 일이 쉬워졌다. [　　]

23 그는 우수한 部下 직원들을 많이 거느리고 있다.
[　　]

24 線路를 다시 고치는 공사가 한창이다. [　　]

25 큰 비에 다리가 消失되었다. [　　]

26 광산에서 火藥이 폭발하였다. [　　]

27 호남平野에선 쌀이 많이 난다. [　　]

28 시베리아에 天然가스가 많다. [　　]

29 결승전에서 우리 팀이 勝利했다. [　　]

30 形式이 아주 새로운 작품이다. [　　]

31 가족들의 幸運을 빌었다. [　　]

32 그는 育英 사업에 많은 돈을 투자했다.
[　　]

33 과거 보다는 現在가 더 귀중하다. [　　]

## 02 다음 漢字의 訓과 音을 쓰세요. (34~55)

| 보기 | 字 → 글자 자 |
|---|---|

34 登 [　　]　　35 禮 [　　]

36 待 [　　]　　37 動 [　　]

38 方 [　　]　　39 果 [　　]

40 使 [　　]　　41 由 [　　]

42 間 [　　]　　43 球 [　　]

44 新 [　　]　　45 場 [　　]

46 注 [　　]　　47 功 [　　]

48 集 [　　]　　49 番 [　　]

50 始 [　　]　　51 根 [　　]

52 記 [　　]　　53 愛 [　　]

54 安 [　　]　　55 黃 [　　]

## 03 다음 밑줄 친 漢字語를 漢字로 쓰세요. (56~75)

| 보기 | 한국 → 韓國 |
|---|---|

56 공군은 하늘을 지킨다. [　　]

57 날이 어두워짐과 동시에 눈이 내렸다. [　　]

58 제자가 스승보다 낫다. [　　]

59 <u>시내</u>에 많은 사람들이 몰려 나왔다. [　　]

60 <u>수면</u> 위로 붉은 노을이 떠올랐다. [　　]

61 우리 집은 <u>식구</u>가 열 명이나 된다. [　　]

62 그는 <u>소읍</u>(작은 고을)에서 태어났다. [　　]

63 <u>오색</u>이 찬란하게 빛난다. [　　]

64 세계 여러 곳에 영국의 <u>식민지</u>가 있었다.
　　 [　　]

65 <u>세상</u>에서 가장 아름다운 꽃 [　　]

66 그 집안에서 <u>유명</u>한 학자들이 많이 나왔다.
　　 [　　]

67 항상 <u>수족</u>을 따뜻이 해야 합니다. [　　]

68 <u>인부</u>들이 짐을 나르고 있다. [　　]

69 <u>오후</u>에 놀이동산에 갔다. [　　]

70 <u>전화</u>번호가 바뀌었다. [　　]

71 <u>왕실</u>의 법도는 엄격했다. [　　]

72 <u>생전</u>에 재산을 많이 모았다. [　　]

73 인구가 <u>사천</u>만이 넘는다. [　　]

74 <u>대문</u>을 열고 주인이 나왔다. [　　]

75 그는 국회 <u>출입</u> 기자다. [　　]

**04** 다음 漢字의 반의자(反義字) 또는 상대자(相對字)를 골라 그 번호를 쓰세요. (76~78)

76 江 : ① 川　② 山　③ 美　④ 信　[　　]

77 今 : ① 向　② 代　③ 金　④ 昨　[　　]

78 冬 : ① 夏　② 村　③ 體　④ 休　[　　]

**05** 다음 (　)에 알맞은 漢字를 〈보기〉에서 찾아 그 번호를 쓰세요. (79~81)

| 보기 | ① 永　② 春　③ 男　④ 計 |
| --- | --- |

79 二八靑(　) : 16세 무렵의 꽃다운 청춘

80 南(　)北女 : 남자는 남쪽 지방 사람이 잘나고 여자는 북쪽 지방 사람이 곱다.

81 三十六(　) : 서른여섯 가지의 꾀

**06** 다음 漢字와 뜻이 비슷한 漢字를 골라 그 번호를 쓰세요. (82~83)

82 算 : ① 才　② 祖　③ 親　④ 數　[　　]

83 學 : ① 淸　② 習　③ 寸　④ 庭　[　　]

**07** 다음 중 소리는 같으나 뜻이 다른 漢字를 골라 그 번호를 쓰세요. (84~85)

84 省 : ① 術　② 身　③ 姓　④ 言　[　　]

85 意 : ① 飮　② 衣　③ 銀　④ 油　[　　]

**08** 다음 뜻을 가진 단어를 漢字로 쓰세요. (86~87)

| 보기 | 국민이 쓰는 말 – (國語) |
| --- | --- |

86 (직립) : 똑바로 섬, 수직 [　　]

87 (화초) : 꽃이 피는 풀과 나무 [　　]

**09** 다음 漢字의 짙게 표시한 획은 몇 번째 쓰는 획인지 〈보기〉에서 찾아 그 번호를 쓰세요. (88~90)

| 보기 | ① 첫 번째　② 두 번째<br>③ 세 번째　④ 네 번째<br>⑤ 다섯 번째　⑥ 여섯 번째<br>⑦ 일곱 번째　⑧ 여덟 번째<br>⑨ 아홉 번째　⑩ 열 번째<br>⑪ 열한 번째　⑫ 열두 번째 |
| --- | --- |

88 活 [　　]

89 園 [　　]

90 雪 [　　]

**수험번호** □□□ - □□ - □□□□      **성명** □□□□□

**생년월일** □□□□□□

※ 유성 싸인펜, 붉은색 필기구 사용 불가.

※ 답안지는 컴퓨터로 처리되므로 구기거나 더럽히지 마시고, 정답 칸 안에만 쓰십시오. 글씨가 채점란으로 들어오면 오답처리가 됩니다.

## 제　　회 전국한자능력검정시험 6급 답안지(1)　　(시험시간 50분)

| 번호 | 정답 | 1검 | 2검 | 번호 | 정답 | 1검 | 2검 | 번호 | 정답 | 1검 | 2검 |
|---|---|---|---|---|---|---|---|---|---|---|---|
| 1 | | | | 15 | | | | 29 | | | |
| 2 | | | | 16 | | | | 30 | | | |
| 3 | | | | 17 | | | | 31 | | | |
| 4 | | | | 18 | | | | 32 | | | |
| 5 | | | | 19 | | | | 33 | | | |
| 6 | | | | 20 | | | | 34 | | | |
| 7 | | | | 21 | | | | 35 | | | |
| 8 | | | | 22 | | | | 36 | | | |
| 9 | | | | 23 | | | | 37 | | | |
| 10 | | | | 24 | | | | 38 | | | |
| 11 | | | | 25 | | | | 39 | | | |
| 12 | | | | 26 | | | | 40 | | | |
| 13 | | | | 27 | | | | 41 | | | |
| 14 | | | | 28 | | | | 42 | | | |

| | 감독위원 | 채점위원(1) | | 채점위원(2) | | 채점위원(3) | |
|---|---|---|---|---|---|---|---|
| | (서명) | (득점) | (서명) | (득점) | (서명) | (득점) | (서명) |

※ 뒷면으로 이어짐

※ 답안지는 컴퓨터로 처리되므로 구기거나 더럽히지 마시고, 정답 칸 안에만 쓰십시오. 글씨가 채점란으로 들어오면 오답처리가 됩니다.

# 제    회 전국한자능력검정시험 6급 답안지(2)

| 번호 | 정답 | 1검 | 2검 | 번호 | 정답 | 1검 | 2검 | 번호 | 정답 | 1검 | 2검 |
|------|------|-----|-----|------|------|-----|-----|------|------|-----|-----|
| 43 |  |  |  | 59 |  |  |  | 75 |  |  |  |
| 44 |  |  |  | 60 |  |  |  | 76 |  |  |  |
| 45 |  |  |  | 61 |  |  |  | 77 |  |  |  |
| 46 |  |  |  | 62 |  |  |  | 78 |  |  |  |
| 47 |  |  |  | 63 |  |  |  | 79 |  |  |  |
| 48 |  |  |  | 64 |  |  |  | 80 |  |  |  |
| 49 |  |  |  | 65 |  |  |  | 81 |  |  |  |
| 50 |  |  |  | 66 |  |  |  | 82 |  |  |  |
| 51 |  |  |  | 67 |  |  |  | 83 |  |  |  |
| 52 |  |  |  | 68 |  |  |  | 84 |  |  |  |
| 53 |  |  |  | 69 |  |  |  | 85 |  |  |  |
| 54 |  |  |  | 70 |  |  |  | 86 |  |  |  |
| 55 |  |  |  | 71 |  |  |  | 87 |  |  |  |
| 56 |  |  |  | 72 |  |  |  | 88 |  |  |  |
| 57 |  |  |  | 73 |  |  |  | 89 |  |  |  |
| 58 |  |  |  | 74 |  |  |  | 90 |  |  |  |

**01 다음 밑줄 친 漢字語의 讀音을 쓰세요. (1~33)**

보기      漢字 → 한자

1 빗으로 <u>等分</u>하여 하나씩 가졌다.   [    ]

2 올 겨울은 <u>特別</u>이 눈이 많이 왔다.   [    ]

3 새로운 길이 <u>開通</u>되었다.   [    ]

4 <u>本部</u>에서 명령이 내려 왔다.   [    ]

5 날씨가 추워 <u>感氣</u> 걸리기 쉽다.   [    ]

6 <u>番號</u>표를 받고 기다렸다.   [    ]

7 왕은 <u>世間</u>의 비난을 많이 받았다.   [    ]

8 <u>放心</u>하여 고기를 놓쳤다.   [    ]

9 적이 <u>白旗</u>를 들고 항복했다.   [    ]

10 자선 <u>事業</u>에 기부하는 분들이 많다.   [    ]

11 백합, 다알리아 등은 <u>球根</u> 식물이다.   [    ]

12 지방에 따라 서로 다른 <u>風習</u>들이 있다.    [    ]

13 <u>成功</u>한 사람들은 부지런하다.   [    ]

14 기계를 <u>作動</u>하는 법을 열심히 배운다.   [    ]

15 어찌할 <u>道理</u>가 없다.   [    ]

16 <u>急速</u>히 비가 내려 길에 물이 찼다.   [    ]

17 <u>用例</u> 사전을 보고 쓰는 법을 알게 되었다.    [    ]

18 수학 <u>科目</u>에 뛰어난 성적을 얻었다.   [    ]

19 항시 <u>線路</u>를 정비해야 한다.   [    ]

20 신하로서 <u>使命</u>을 다하기 위해 힘썼다.   [    ]

21 <u>勝者</u>는 겸손해야 한다.   [    ]

22 아침 일찍 <u>新聞</u>을 읽는다.   [    ]

23 5월 9일은 <u>發明</u>의 날이다.   [    ]

24 우리나라는 삼면이 <u>海洋</u>으로 에워싸고 있다.    [    ]

25 <u>親族</u>끼리 모여 사는 곳이 있다.   [    ]

26 평화로운 <u>家庭</u>에서 자랐다.   [    ]

27 <u>祖上</u>을 섬기는 일을 게을리 하지 않는다.    [    ]

28 <u>書面</u>으로 질의를 했다.   [    ]

29 산불로 나무들이 <u>消失</u>되었다.   [    ]

30 모든 일은 <u>自信</u>있게 해야 한다.   [    ]

31 <u>石油</u> 값이 자꾸 오른다.   [    ]

32 번화한 <u>場所</u>에는 가게들이 많다.   [    ]

33 <u>愛重</u>히 여기는 물건을 잘 보관한다.   [    ]

**02 다음 漢字의 訓과 音을 쓰세요. (34~55)**

보기      國 → 나라 국

34 待 [    ]    35 黃 [    ]

36 美 [    ]    37 席 [    ]

38 雪 [    ]    39 交 [    ]

40 孫 [    ]    41 病 [    ]

42 太 [    ]    43 省 [    ]

44 樹 [    ]    45 表 [    ]

46 光 [    ]    47 術 [    ]

48 登 [    ]    49 區 [    ]

50 式 [    ]    51 野 [    ]

52 窓 [    ]    53 向 [    ]

54 由 [    ]    55 戰 [    ]

**03 다음 밑줄 친 漢字語의 漢字를 쓰세요. (56~75)**

보기      국어 → 國語

56 <u>전화번호</u>가 생각나지 않는다.   [    ]

57 <u>평생교육</u>을 받아야 좋은 인재가 된다.   [    ]

58 <u>공중</u>에 비행기가 떴다.   [    ]

59 새로 지은 아파트에 입주했다. [ ]

60 우리 집 식구는 다섯이다. [ ]

61 입방미터는 세제곱 미터이다. [ ]

62 농토에 비료를 준다. [ ]

63 영국은 많은 식민지를 가지고 있었다. [ ]

64 형이 돌아옴과 동시에 아우도 돌아왔다. [ ]

65 훌륭한 분이 시장으로 선출되었다. [ ]

66 편안한 마음으로 결과를 기다린다. [ ]

67 좋은 사람을 물색하기가 어렵다. [ ]

68 시베리아에는 천연 자원이 풍부하다. [ ]

69 정원에 백화가 만발하였다. [ ]

70 매일 아침 6시에 일어난다. [ ]

71 그 집 주인은 서울 사람이다. [ ]

72 산수 시험에 백점을 받았다. [ ]

73 정오의 햇볕이 뜨겁다. [ ]

74 산천초목이 아름답다. [ ]

75 일부러 불효하는 분은 없을 것이다. [ ]

**04** 다음 漢字의 반의자(反義字) 또는 상대자(相對字)를 골라 그 번호를 쓰세요. (76~78)

76 苦 : ① 古 ② 果 ③ 代 ④ 樂 [ ]

77 冬 : ① 里 ② 夏 ③ 注 ④ 村 [ ]

78 近 : ① 遠 ② 邑 ③ 運 ④ 溫 [ ]

**05** 다음 ( )에 알맞은 漢字를 〈보기〉에서 찾아 그 번호를 쓰세요. (79~81)

| 보기 | ① 公 | ② 洞 | ③ 後 | ④ 軍 |
| | ⑤ 夕 | ⑥ 計 | ⑦ 共 | ⑧ 幸 |

79 三十六( )

80 前( )左右

81 一朝一( )

**06** 다음 漢字와 뜻이 비슷한 漢字를 골라 그 번호를 쓰세요. (82~83)

82 體 : ① 寸 ② 身 ③ 現 ④ 育 [ ]

83 綠 : ① 活 ② 靑 ③ 形 ④ 和 [ ]

**07** 다음 중 소리(音)는 같으나 뜻(訓)이 다른 漢字를 골라 그 번호를 쓰세요. (84~85)

84 醫 : ① 服 ② 衣 ③ 門 ④ 朴 [ ]

85 半 : ① 米 ② 名 ③ 班 ④ 園 [ ]

**08** 다음 뜻과 소리를 가진 단어를 漢字로 쓰세요. (86~87)

| 보기 | 봄과 가을(춘추) - (春秋) |

86 아버지와 딸 (부녀) [ ]

87 안팎 (내외) [ ]

**09** 다음 漢字의 짙게 표시한 획은 몇 번째 쓰는 획인지 〈보기〉에서 찾아 그 번호를 쓰세요. (88~90)

| 보기 | ① 첫 번째 | ② 두 번째 |
| | ③ 세 번째 | ④ 네 번째 |
| | ⑤ 다섯 번째 | ⑥ 여섯 번째 |
| | ⑦ 일곱 번째 | ⑧ 여덟 번째 |
| | ⑨ 아홉 번째 | ⑩ 열 번째 |

88 頭 [ ]

89 童 [ ]

90 夜 [ ]

수험번호 □□□-□□-□□□□     성명 □□□□□

생년월일 □□□□□□

※ 유성 싸인펜, 붉은색 필기구 사용 불가.

※ 답안지는 컴퓨터로 처리되므로 구기거나 더럽히지 마시고, 정답 칸 안에만 쓰십시오. 글씨가 채점란으로 들어오면 오답처리가 됩니다.

## 제    회 전국한자능력검정시험 6급 답안지(1)    (시험시간 50분)

| 번호 | 정답 | 1검 | 2검 | 번호 | 정답 | 1검 | 2검 | 번호 | 정답 | 1검 | 2검 |
|---|---|---|---|---|---|---|---|---|---|---|---|
| 1 |  |  |  | 15 |  |  |  | 29 |  |  |  |
| 2 |  |  |  | 16 |  |  |  | 30 |  |  |  |
| 3 |  |  |  | 17 |  |  |  | 31 |  |  |  |
| 4 |  |  |  | 18 |  |  |  | 32 |  |  |  |
| 5 |  |  |  | 19 |  |  |  | 33 |  |  |  |
| 6 |  |  |  | 20 |  |  |  | 34 |  |  |  |
| 7 |  |  |  | 21 |  |  |  | 35 |  |  |  |
| 8 |  |  |  | 22 |  |  |  | 36 |  |  |  |
| 9 |  |  |  | 23 |  |  |  | 37 |  |  |  |
| 10 |  |  |  | 24 |  |  |  | 38 |  |  |  |
| 11 |  |  |  | 25 |  |  |  | 39 |  |  |  |
| 12 |  |  |  | 26 |  |  |  | 40 |  |  |  |
| 13 |  |  |  | 27 |  |  |  | 41 |  |  |  |
| 14 |  |  |  | 28 |  |  |  | 42 |  |  |  |

| 감독위원 | 채점위원(1) | | 채점위원(2) | | 채점위원(3) | |
|---|---|---|---|---|---|---|
| (서명) | (득점) | (서명) | (득점) | (서명) | (득점) | (서명) |

※ 뒷면으로 이어짐

## 제 회 전국한자능력검정시험 6급 답안지(2)

| 번호 | 정답 | 채점란 1검 | 채점란 2검 | 번호 | 정답 | 채점란 1검 | 채점란 2검 | 번호 | 정답 | 채점란 1검 | 채점란 2검 |
|---|---|---|---|---|---|---|---|---|---|---|---|
| 43 | | | | 59 | | | | 75 | | | |
| 44 | | | | 60 | | | | 76 | | | |
| 45 | | | | 61 | | | | 77 | | | |
| 46 | | | | 62 | | | | 78 | | | |
| 47 | | | | 63 | | | | 79 | | | |
| 48 | | | | 64 | | | | 80 | | | |
| 49 | | | | 65 | | | | 81 | | | |
| 50 | | | | 66 | | | | 82 | | | |
| 51 | | | | 67 | | | | 83 | | | |
| 52 | | | | 68 | | | | 84 | | | |
| 53 | | | | 69 | | | | 85 | | | |
| 54 | | | | 70 | | | | 86 | | | |
| 55 | | | | 71 | | | | 87 | | | |
| 56 | | | | 72 | | | | 88 | | | |
| 57 | | | | 73 | | | | 89 | | | |
| 58 | | | | 74 | | | | 90 | | | |

**01** 다음 밑줄 친 漢字語의 讀音을 쓰세요. (1~33)

보기    漢字 → 한자

1 道路 공사 때문에 길이 막힌다.    [    ]

2 用例를 보여주면 단어의 뜻을 명확하게 알 수 있다.    [    ]

3 교장 선생님께서 웃어른을 공경하라고 訓話하셨다.    [    ]

4 많이 다치지 않아서 多幸이다.    [    ]

5 우리에게는 表現의 자유가 있습니다.    [    ]

6 콜레라는 일단 發病되면 무섭게 전염되는 병이다.    [    ]

7 악기를 연주할 때는 强弱을 잘 조절해야 한다.    [    ]

8 우리는 서로 마주칠 때 目禮만 나누는 사이이다.    [    ]

9 이번 선거의 결과가 정치의 風向을 결정할 것이다.    [    ]

10 분위기가 산만해서 集中이 되지 않는다.    [    ]

11 만약 지구의 重力이 없다면 어떻게 될까?    [    ]

12 이번 주는 그야말로 光速으로 지나간 것 같다.    [    ]

13 그들은 서로 親交를 맺은 지 오래 되었다.    [    ]

14 우리는 昨今의 현실을 개탄하면서 성명서를 냅니다.    [    ]

15 그는 根本이 좋은 사람이다.    [    ]

16 요즘은 야구에서는 주로 연예인이 始球를 한다.    [    ]

17 두 팀은 對等한 경기를 펼쳤다.    [    ]

18 졸업할 때 후배에게 校服을 물려주었다.    [    ]

19 庭園 가꾸는 게 제 취미입니다.    [    ]

20 그는 開放적 성격의 소유자다.    [    ]

21 전화 番號를 적어 주세요.    [    ]

22 대통령의 불참으로 총리가 선언문을 代讀하였다.    [    ]

23 窓門을 활짝 열고 환기를 시켜야겠다.    [    ]

24 그는 몸을 直角으로 굽혀 인사를 했다.    [    ]

25 그들은 이제 自由의 몸이다.    [    ]

26 폭설로 인해 모든 시내버스가 運行을 중지하였다.    [    ]

27 그는 어렸을 때 神童 소리를 듣던 사람이다.    [    ]

28 옛 선비들은 이득보다는 名分을 중시하였다.    [    ]

29 注入식 교육의 문제점에 대해 이야기해 봅시다.    [    ]

30 이것은 우리가 함께 풀어야 할 共通 과제이다.    [    ]

31 特別히 어디가 아픈 건 아니지만 기운이 없습니다.    [    ]

32 우리는 서로 같은 피를 나눈 同族이다.    [    ]

33 이 문제를 하루속히 풀어야 한다는 공감대가 形成되었다.    [    ]

**02** 다음 漢字의 訓과 音을 쓰세요. (34~55)

보기    字 → 글자 자

34 民 [    ]    35 綠 [    ]
36 短 [    ]    37 感 [    ]

38 頭 [          ]    39 老 [          ]

40 林 [          ]    41 消 [          ]

42 習 [          ]    43 待 [          ]

44 記 [          ]    45 命 [          ]

46 苦 [          ]    47 勝 [          ]

48 樹 [          ]    49 線 [          ]

50 意 [          ]    51 後 [          ]

52 登 [          ]    53 席 [          ]

54 京 [          ]    55 高 [          ]

**03** 다음 밑줄 친 漢字語를 漢字로 쓰세요. (56~75)

> 보기    한국 → 韓國

56 그는 휴일마다 등산을 간다.    [          ]

57 아이를 데리고 동물원에 다녀왔다.    [          ]

58 전시 공간이 조금 협소합니다.    [          ]

59 1,500자 내외로 답을 하시오.    [          ]

60 10년이면 강산도 변한다.    [          ]

61 이 약수는 식수로 적합하다는 판정을 받았다.

[          ]

62 누가 보아도 그들은 부자지간이다.    [          ]

63 왕은 신하들을 자신의 수족처럼 여겼다. [          ]

64 회의는 오전 열 시부터입니다.    [          ]

65 편안하게 주무셨습니까?    [          ]

66 내일 만날 장소를 정합시다.    [          ]

67 흰 눈이 온 세상을 덮었다.    [          ]

68 포구를 막아선 바위가 천연적인 방파제 구실을

한다.    [          ]

69 그는 추석을 쇠러 시골집으로 내려갔다. [          ]

70 낙뢰로 인해 도시 전체의 전기 공급이 중단되

었다.    [          ]

71 우리나라는 삼면이 바다로 둘러싸여 있는 반도

이다.    [          ]

72 내가 무슨 생색을 내려고 도와준 건 아니다.

[          ]

73 군인들이 군가에 맞추어 행진을 한다.  [          ]

74 그는 온실에 온갖 화초를 심어 놓았다. [          ]

75 그는 좋은 환경에서 좋은 선생님께 교육을 받

았다.    [          ]

**04** 다음 漢字의 반대 또는 상대 되는 글자를 골라 그 번호를 쓰세요. (76~78)

76 晝 : ① 夜 ② 堂 ③ 功 ④ 每  [          ]

77 男 : ① 界 ② 班 ③ 女 ④ 雪  [          ]

78 活 : ① 算 ② 度 ③ 死 ④ 急  [          ]

**05** 다음 (   )에 알맞은 漢字를 〈보기〉에서 찾아 그 번호를 쓰세요. (79~81)

> 보기    ① 計    ② 答    ③ 樂    ④ 事
> ⑤ 先    ⑥ 術

79 東問西(   ) : 물음과는 전혀 상관없는 엉뚱한

대답.

80 百年大(   ) : 먼 앞날까지 미리 내다보고 세우

는 크고 중요한 계획.

81 人(   )不省: 제 몸에 벌어지는 일을 모를 만큼

정신을 잃은 상태.

**06** 다음 漢字와 뜻이 비슷한 漢字를 골라 그 번호를 쓰세요. (82~83)

82 邑 : ① 勇 ② 郡 ③ 植 ④ 失  [          ]

83 圖 : ① 畫 ② 飲 ③ 旗 ④ 銀  [          ]

**07** 다음 중 소리는 같으나 뜻이 다른 漢字를 골라 그 번호를 쓰세요. (84~85)

84 部 : ① 永 ② 朝 ③ 祖 ④ 夫  [          ]

85 章 : ① 醫 ② 在 ③ 長 ④ 黃  [          ]

**08** 다음 漢字語의 뜻을 풀이하세요. (86~87)

**86** 體溫 :

**87** 心身 :

**09** 다음 漢字의 짙게 표시한 획은 몇 번째 쓰는 획인지 〈보기〉에서 찾아 그 번호를 쓰세요. (88~90)

| 보기 | ① 첫 번째 | ② 두 번째 |
|---|---|---|
| | ③ 세 번째 | ④ 네 번째 |
| | ⑤ 다섯 번째 | ⑥ 여섯 번째 |
| | ⑦ 일곱 번째 | ⑧ 여덟 번째 |
| | ⑨ 아홉 번째 | ⑩ 열 번째 |
| | ⑪ 열한 번째 | ⑫ 열두 번째 |

**88** 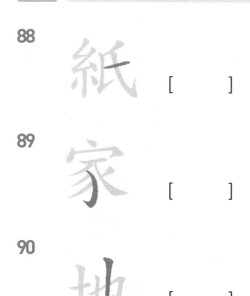 紙 [      ]

**89** 家 [      ]

**90** 地 [      ]

**01** 다음 밑줄 친 漢字語의 讀音을 쓰세요. (1~33)

보기　　　　世上 → 세상

1 한국 청소년들의 身長은 과거보다 많이 커졌다.
　　　　　　　　　　　　　　　[　　　]

2 인사는 만나는 사람과 親近하게 만들어 준다.
　　　　　　　　　　　　　　　[　　　]

3 여름에는 나뭇잎들이 綠色으로 짙어진다.
　　　　　　　　　　　　　　　[　　　]

4 편지를 보낼 때는 주소의 番地를 틀리지 않게
적어야 한다.

5 油畫로 그린 그림들은 세월이 지나도 잘 변색
되지 않는다.　　　　　　　　[　　　]

6 사과와 배 같은 과일들은 모양이 球形으로 생
겼다.　　　　　　　　　　　[　　　]

7 맛있는 과일들이 果樹園에서 무럭무럭 자라고
있다.　　　　　　　　　　　[　　　]

8 오늘 아침에 우리 반은 운동장에 集合하여 체
조를 하였다.　　　　　　　　[　　　]

9 한 집단에서 有別난 행동을 하면 남의 눈에 띄
게 된다.　　　　　　　　　　[　　　]

10 올림픽 개회식 때 각국 旗手들이 국기를 받들
고 앞장섰다.　　　　　　　　[　　　]

11 대통령은 중요한 일이 생기면 외국에 特使를
파견한다.　　　　　　　　　[　　　]

12 예전에 선비들은 草堂에서 열심히 공부하였다.
　　　　　　　　　　　　　　　[　　　]

13 공부는 너무 等數에 집착하지 말고 즐겁게 하
면 된다.　　　　　　　　　　[　　　]

14 요즘 도시에서는 電光판에 뉴스가 자막으로
중계된다.　　　　　　　　　[　　　]

15 우리 팀은 後坐전에 열심히 뛰어 역전승을 거
두었다.　　　　　　　　　　[　　　]

16 모든 일은 術數를 부리기보다는 성실하게 하
는 것이 낫다.　　　　　　　[　　　]

17 무당이 되려는 사람들은 거의 모두가 神病을
앓는다.　　　　　　　　　　[　　　]

18 지난 일을 反省하고 좀 더 나은 내일을 만들어
나가겠다.　　　　　　　　　[　　　]

19 計算 착오로 비행기 시간을 놓쳤다. [　　　]

20 藥用 식물은 실험을 거쳐서 사람이 먹게 된다.
　　　　　　　　　　　　　　　[　　　]

21 그 사람은 의협심을 發動하여 위험에 빠진 사
람을 구하였다.　　　　　　[　　　]

22 오늘 朝會 시간에 전 직원들이 늦지 않게 다
참석하였다.　　　　　　　　[　　　]

23 친구와 通話는 용건만 간단히 말하고 끝내는
것이 좋다.　　　　　　　　[　　　]

24 남보다 늦게 始作하는 후발 업체들은 더 열심
히 해야 한다.　　　　　　　[　　　]

25 요즈음에는 한국인들도 洋服이 편리하여 많이
입는다.　　　　　　　　　　[　　　]

26 양쪽 팀은 서로 强力하게 맞섰다.　[　　　]

27 우리 한민족은 永遠히 발전해 나가야 한다.
　　　　　　　　　　　　　　　[　　　]

28 弱體로 예상되었던 팀이 경기를 할수록 강해
지고 있다.　　　　　　　　[　　　]

29 회의가 성립되려면 회칙에서 정한 定足數를
채워야 한다.　　　　　　　[　　　]

30 나라를 위해 싸우다 戰死한 분들의 유족은 보
호해야 한다.　　　　　　　[　　　]

31 효는 인륜의 根本이다.　　　　　[　　　]

32 글쓴이는 讀者의 수준을 고려하여 글을 써야
한다.　　　　　　　　　　　[　　　]

33 서포 金萬重 선생은 소설 ≪구운몽≫을 지으
셨다.　　　　　　　　　　　[　　　]

## 02 다음 漢字의 訓과 音을 쓰세요. (34~55)

| 보기 | 大 → 큰 대 |
|---|---|

34 感 [           ]    35 開 [           ]

36 醫 [           ]    37 飮 [           ]

38 族 [           ]    39 區 [           ]

40 郡 [           ]    41 短 [           ]

42 放 [           ]    43 圖 [           ]

44 信 [           ]    45 頭 [           ]

46 號 [           ]    47 禮 [           ]

48 路 [           ]    49 陽 [           ]

50 班 [           ]    51 愛 [           ]

52 童 [           ]    53 科 [           ]

54 勝 [           ]    55 線 [           ]

## 03 다음 밑줄 친 漢字語를 漢字로 쓰세요. (56~75)

56 지난 추석 때는 고향에 가서 할아버지를 뵈었다.

[           ]

57 시간을 낭비하지 않는 것이 인생을 길게 사는
길이다. [           ]

58 자동차 운전에서 가장 중요한 것은 안전이다.

[           ]

59 아버지는 연로하셔서 긴 여행을 하시기 어렵다.

[           ]

60 날마다 일기를 쓰는 것은 좋은 습관이다.

[           ]

61 교육은 백년 앞을 내다보고 잘 계획해야 한다.

[           ]

62 도시에서 먹는 음식물의 재료 대부분은 농촌에
서 생산된다. [           ]

63 어머니는 직장에 나가지 않고 가사에만 전념하
신다. [           ]

64 부모님의 심기를 어지럽히는 일은 하지 말아야
한다. [           ]

65 그 음악가는 장내의 관객들에게 박수를 받았다.

[           ]

66 우리 동네 주민들은 주말에 벼룩시장을 연다.

[           ]

67 왕자는 선왕의 뜻을 받들기로 결심하였다.

[           ]

68 오늘 신문 지면은 큰 기부를 한 미담이 돋보였다.

[           ]

69 인간은 자연을 보호하고 자연은 인간을 보호한다.

[           ]

70 소식하는 것이 건강에 좋다고 한다. [           ]

71 나는 해마다 식목일에 산에 가서 나무를 심는다.

[           ]

72 동해는 바다가 깊고 물이 깨끗하여 좋은 해수
욕장이 많다. [           ]

73 우리 학교의 교화는 동백꽃이다. [           ]

74 활화산은 언제 터질지 모르므로 조심해야 한다.

[           ]

75 오뉴월은 일 년 중 날씨가 가장 좋은 때이다.

[           ]

## 04 다음 漢字와 뜻이 서로 대립 또는 반대 되는 漢字를 골라 그 번호를 쓰세요. (76~78)

76 分 : ① 第 ② 各 ③ 合 ④ 銀 [           ]

77 祖 : ① 子 ② 父 ③ 母 ④ 孫 [           ]

78 共 : ① 同 ② 別 ③ 冬 ④ 每 [           ]

## 05 다음 (    )에 알맞은 漢字를 〈보기〉에서 찾아 그 번호를 쓰세요. (79~81)

| 보기 | ① 庭 ② 向 ③ 靑 ④ 樂<br>⑤ 溫 ⑥ 淸 ⑦ 待 ⑧ 成 |
|---|---|

79 (     )風明月 : 맑은 바람과 밝은 달.

80 生死苦(     ) : 살고 죽는 일과 괴롭고 즐거운
일.

81 <u>門前(　　)市</u> : 찾아오는 사람으로 집 문 앞이 시장을 이룸.

06 다음 漢字와 뜻이 비슷한 漢字를 골라 그 번호를 쓰세요. (82~83)

82 急 : ① 速 ② 級 ③ 來 ④ 直 [　　]

83 言 : ① 口 ② 意 ③ 名 ④ 語 [　　]

07 다음 중 소리(音)는 같으나 뜻(訓)이 다른 漢字를 골라 그 번호를 쓰세요. (84~85)

84 室 : ① 式 ② 姓 ③ 失 ④ 外 [　　]

85 公 : ① 窓 ② 京 ③ 黃 ④ 空 [　　]

08 다음 漢字語의 뜻을 풀이하세요. (86~87)

86 幸運 :

87 學習 :

09 다음 漢字의 짙게 표시한 획은 몇 번째 쓰는 획인지 〈보기〉에서 찾아 그 번호를 쓰세요. (88~90)

| 보기 | ① 첫 번째 | ② 두 번째 |
| | ③ 세 번째 | ④ 네 번째 |
| | ⑤ 다섯 번째 | ⑥ 여섯 번째 |
| | ⑦ 일곱 번째 | ⑧ 여덟 번째 |
| | ⑨ 아홉 번째 | ⑩ 열 번째 |

88 韓 [　　]

89 門 [　　]

90 圖 [　　]

(社) 한국어문회 주관·한국한자능력검정회 시행

# 한자능력검정시험 6급 예상문제

문 항 수 : 90문항
합격문항 : 63문항
제한시간 : 50분

**01** 다음 밑줄 친 漢字語의 讀音을 쓰세요. (1~33)

보기    世上 → 세상

1 모름지기 정치가란 국민의 <u>衣食住</u>를 해결해 줘야 하는 것이다. [     ]

2 행복한 <u>家庭</u>을 이루기 위해서는 부모, 자식 모두 노력을 해야 한다. [     ]

3 겨울 <u>北風</u>에 온몸을 잔뜩 웅크렸다. [     ]

4 우리 민족은 단군을 <u>始祖</u>로 모시고 있다. [     ]

5 요즘 대부분의 가정은 부엌의 형태가 다 재래식에서 <u>西洋</u>식으로 바뀌었다. [     ]

6 그는 축구를 잘하지만, <u>本業</u>은 글 쓰는 작가이다. [     ]

7 연락을 받자마자 공항으로 <u>急行</u>하였다. [     ]

8 <u>口頭</u>로 발표할 때는 특히 발음에 신경을 써라. [     ]

9 그는 사장의 눈치를 보랴 <u>運身</u>의 폭이 넓지 않았다. [     ]

10 인생에서 마지막에 웃는 자가 진정한 <u>勝者</u>라 할 수 있다. [     ]

11 어릴 때부터 <u>童話</u>와 동요에 많이 노출된 사람은 악해질 가능성이 적다. [     ]

12 사람은 누구나 <u>長短</u>점이 있게 마련이다. [     ]

13 선생님의 은혜에 대한 <u>答禮</u>로 무슨 선물을 보낼까 고민 중이다. [     ]

14 우리 엄마는 성격이 내성적이고 우리 아빠는 성격이 <u>外向</u>적이다. [     ]

15 지상<u>樂園</u>이 따로 있나 행복한 우리집이 천국이지. [     ]

16 나는 그녀를 보는 순간 혹시 우리 엄마가 아닐까 <u>直感</u>할 수 있었다. [     ]

17 한국팀은 상대팀의 약점을 <u>集中</u> 공략하여 4대 0으로 대승을 거두었다. [     ]

18 내 친구는 <u>男女共學</u>에 다니는 것을 자랑하고 다닌다. [     ]

19 그는 선생이 무서워서 <u>用便</u>이 마려워도 참을 수밖에 없었다. [     ]

20 국가는 국민들이 자신의 생각을 <u>表出</u>할 수 있도록 사상의 자유를 보장해 주어야 한다. [     ]

21 우리팀은 분명 <u>弱體</u>임에도 불구하고 정신력 하나로 승리를 거머쥘 수 있었다. [     ]

22 오래간만에 초등학교 <u>同窓</u> 녀석이 전화를 걸어 왔다. [     ]

23 다음 시험에서 이 문제가 헷갈릴 수 있으니 <u>注意</u>하시기 바랍니다. [     ]

24 그는 <u>野生</u>동물처럼 사나웠다. [     ]

25 지금까지의 설명을 다음과 같은 <u>圖式</u>으로 간단히 나타낼 수 있다. [     ]

26 그 남자가 갑자기 <u>正色</u>을 하고 말하자 그 여자는 잠시 어리둥절한 얼굴이었다. [     ]

27 나는 자기 전에 꼭 하루를 <u>反省</u>하고 잠자리에 든다. [     ]

28 화재로 국보급 목조 건물이 <u>消失</u>되었다. [     ]

29 <u>天才</u>는 1%의 영감과 99%의 노력으로 이루어진다는 에디슨의 말의 원래 뜻은 그것이 아니라 영감을 강조하려고 한 말이었다 한다. [     ]

30 <u>通信</u>의 발달로 지구가 점점 좁아지고 있다. [     ]

**31** 한겨울에 <u>漢江</u>의 수은주가 영하 20도까지 떨어질 때가 있다. [      ]

**32** 그녀의 미모는 <u>形言</u>할 수 없을 정도로 빼어났다. [      ]

**33** 백두산은 <u>休火山</u>이라 언제 터질지 아무도 모른다. [      ]

**02** 다음 漢字의 訓과 音을 쓰세요. (34~55)

| 보기 | 大 → 큰 대 |
|---|---|

**34** 然 [      ]   **35** 待 [      ]
**36** 孫 [      ]   **37** 油 [      ]
**38** 角 [      ]   **39** 夏 [      ]
**40** 育 [      ]   **41** 第 [      ]
**42** 現 [      ]   **43** 溫 [      ]
**44** 路 [      ]   **45** 讀 [      ]
**46** 陽 [      ]   **47** 號 [      ]
**48** 術 [      ]   **49** 族 [      ]
**50** 社 [      ]   **51** 秋 [      ]
**52** 畫 [      ]   **53** 特 [      ]
**54** 會 [      ]   **55** 堂 [      ]

**03** 다음 밑줄 친 漢字語를 漢字로 쓰세요. (56~75)

**56** 최근 '나는 <u>가수</u>다'를 줄인 '나가수'란 프로그램이 인기를 끌었다. [      ]

**57** 청소년들은 <u>시간</u>을 잘 활용하는 습관을 길러야 한다. [      ]

**58** 조조의 군사는 결국 <u>백기</u>를 들고 말았다. [      ]

**59** 부모님을 <u>편안</u>하도록 하는 사람이 진짜 효자이다. [      ]

**60** 북태평양 고기압이 북쪽에서의 찬 공기 <u>남하</u>를 저지하고 있어 늦더위가 기승을 부리고 있다. [      ]

**61** 개울물에서 <u>동리</u> 꼬마들이 물고기를 잡는다. [      ]

**62** 고향에 가려면 기차에서 내려 <u>시내</u>버스로 갈아타야 한다. [      ]

**63** 사업자금이 <u>부족</u>했지만 그는 새로운 아이디어로 사업의 돌파구를 찾았다. [      ]

**64** 전기로 가는 <u>자동차</u>가 개발이 다 되었는데 아직 상용화가 안 되는 이유는 무엇일까? [      ]

**65** 친환경버스가 도입되면서 서울의 <u>공기</u>가 많이 깨끗해졌다. [      ]

**66** 너희 학교 <u>교화</u>는 무엇이니? [      ]

**67** 기자는 사건 현장을 직접 둘러보고 <u>기사</u>를 정확히 써야 한다. [      ]

**68** <u>인명</u>은 재천이라고 그 누가 그 사람의 목숨을 알 수 있단 말인가. [      ]

**69** 그는 외국어에는 약했지만 <u>산수</u> 실력이 뛰어났다. [      ]

**70** 강을 끼고 돌면 <u>읍면</u>사무소가 보인다. [      ]

**71** 오랫동안 사람이 살지 않아 마당이 <u>초목</u>으로 무성하다. [      ]

**72** 인삼은 우리 지방의 <u>명물</u>로 주민의 든든한 수입원이다. [      ]

**73** 낮 12시를 정오라 하고 밤 12시를 <u>자정</u>이라 한다. [      ]

**74** 물건이 아래로 떨어지는 것은 <u>중력</u>의 작용 때문이다. [      ]

**75** 그는 <u>농부</u>의 자식으로 태어나 노력 끝에 학계의 거목으로 우뚝 섰다. [      ]

**04** 다음 漢字와 뜻이 서로 대립 또는 반대 되는 漢字를 골라 그 번호를 쓰세요. (76~78)

**76** 前 : ① 强 ② 後 ③ 明 ④ 美 [      ]
**77** 敎 : ① 對 ② 登 ③ 使 ④ 習 [      ]
**78** 晝 : ① 夜 ② 室 ③ 銀 ④ 番 [      ]

**05** 다음 ( ) 안에 알맞은 漢字를 〈보기〉에서 찾아 그 번호를 쓰세요. (79~81)

| 보기 | ① 民 | ② 方 | ③ 東 | ④ 幸 |
|---|---|---|---|---|
| | ⑤ 死 | ⑥ 病 | ⑦ 國 | ⑧ 作 |

79 九( )一生      [      ]

80 ( )心三日      [      ]

81 千萬多( )      [      ]

**06** 다음 漢字와 뜻이 비슷한 漢字를 골라 그 번호를 쓰세요. (82~83)

82 分 : ① 和 ② 別 ③ 少 ④ 發 [     ]

83 樹 : ① 米 ② 李 ③ 朴 ④ 林 [     ]

**07** 다음 중 소리[음]는 같으나 뜻[訓]이 다른 漢字를 골라 그 번호를 쓰세요. (84~85)

84 新 : ① 神 ② 書 ③ 速 ④ 近 [     ]

85 題 : ① 朝 ② 弟 ③ 理 ④ 英 [     ]

**08** 다음 漢字語의 뜻을 가진 漢字語를 漢字로 쓰세요. (86~87)

86 어떤 움직임이나 동작을 하는 것.

87 새싹이 파랗게 돋아나는 봄철이라는 뜻으로 젊은 나이를 이르는 말.

**09** 다음 漢字의 짙게 표시한 획은 몇 번째 쓰는 획인지 〈보기〉에서 찾아 그 번호를 쓰세요. (88~90)

| 보기 | ① 첫 번째 | ② 두 번째 |
|---|---|---|
| | ③ 세 번째 | ④ 네 번째 |
| | ⑤ 다섯 번째 | ⑥ 여섯 번째 |
| | ⑦ 일곱 번째 | ⑧ 여덟 번째 |
| | ⑨ 아홉 번째 | ⑩ 열 번째 |

88 勇      [      ]

89 場      [      ]

90 聞      [      ]

수험번호 □□□-□□-□□□□ 　　성명 □□□□□

생년월일 □□□□□□ 　　※ 유성 싸인펜, 붉은색 필기구 사용 불가.

※ 답안지는 컴퓨터로 처리되므로 구기거나 더럽히지 마시고, 정답 칸 안에만 쓰십시오. 글씨가 채점란으로 들어오면 오답처리가 됩니다.

# 제　　회 전국한자능력검정시험 6급 답안지(1)　　(시험시간 50분)

| 번호 | 정답 | 1검 | 2검 | 번호 | 정답 | 1검 | 2검 | 번호 | 정답 | 1검 | 2검 |
|---|---|---|---|---|---|---|---|---|---|---|---|
| 1 | | | | 15 | | | | 29 | | | |
| 2 | | | | 16 | | | | 30 | | | |
| 3 | | | | 17 | | | | 31 | | | |
| 4 | | | | 18 | | | | 32 | | | |
| 5 | | | | 19 | | | | 33 | | | |
| 6 | | | | 20 | | | | 34 | | | |
| 7 | | | | 21 | | | | 35 | | | |
| 8 | | | | 22 | | | | 36 | | | |
| 9 | | | | 23 | | | | 37 | | | |
| 10 | | | | 24 | | | | 38 | | | |
| 11 | | | | 25 | | | | 39 | | | |
| 12 | | | | 26 | | | | 40 | | | |
| 13 | | | | 27 | | | | 41 | | | |
| 14 | | | | 28 | | | | 42 | | | |

| | 감독위원 | 채점위원(1) | | 채점위원(2) | | 채점위원(3) | |
|---|---|---|---|---|---|---|---|
| | (서명) | (득점) | (서명) | (득점) | (서명) | (득점) | (서명) |

## 제    회 전국한자능력검정시험 6급 답안지(2)

| 번호 | 답안 란 정답 | 채점란 1검 | 2검 | 번호 | 답안 란 정답 | 채점란 1검 | 2검 | 번호 | 답안 란 정답 | 채점란 1검 | 2검 |
|---|---|---|---|---|---|---|---|---|---|---|---|
| 43 |  |  |  | 59 |  |  |  | 75 |  |  |  |
| 44 |  |  |  | 60 |  |  |  | 76 |  |  |  |
| 45 |  |  |  | 61 |  |  |  | 77 |  |  |  |
| 46 |  |  |  | 62 |  |  |  | 78 |  |  |  |
| 47 |  |  |  | 63 |  |  |  | 79 |  |  |  |
| 48 |  |  |  | 64 |  |  |  | 80 |  |  |  |
| 49 |  |  |  | 65 |  |  |  | 81 |  |  |  |
| 50 |  |  |  | 66 |  |  |  | 82 |  |  |  |
| 51 |  |  |  | 67 |  |  |  | 83 |  |  |  |
| 52 |  |  |  | 68 |  |  |  | 84 |  |  |  |
| 53 |  |  |  | 69 |  |  |  | 85 |  |  |  |
| 54 |  |  |  | 70 |  |  |  | 86 |  |  |  |
| 55 |  |  |  | 71 |  |  |  | 87 |  |  |  |
| 56 |  |  |  | 72 |  |  |  | 88 |  |  |  |
| 57 |  |  |  | 73 |  |  |  | 89 |  |  |  |
| 58 |  |  |  | 74 |  |  |  | 90 |  |  |  |

수험번호 □□□-□□-□□□□　　　성명 □□□□□

생년월일 □□□□□□

※ 유성 싸인펜, 붉은색 필기구 사용 불가.

※ 답안지는 컴퓨터로 처리되므로 구기거나 더럽히지 마시고, 정답 칸 안에만 쓰십시오. 글씨가 채점란으로 들어오면 오답처리가 됩니다.

# 제　　회 전국한자능력검정시험 6급 답안지(1)　　(시험시간 50분)

| 번호 | 정답 | 1검 | 2검 | 번호 | 정답 | 1검 | 2검 | 번호 | 정답 | 1검 | 2검 |
|---|---|---|---|---|---|---|---|---|---|---|---|
| | 답 안 란 | 채점란 | | | 답 안 란 | 채점란 | | | 답 안 란 | 채점란 | |
| 1 | | | | 15 | | | | 29 | | | |
| 2 | | | | 16 | | | | 30 | | | |
| 3 | | | | 17 | | | | 31 | | | |
| 4 | | | | 18 | | | | 32 | | | |
| 5 | | | | 19 | | | | 33 | | | |
| 6 | | | | 20 | | | | 34 | | | |
| 7 | | | | 21 | | | | 35 | | | |
| 8 | | | | 22 | | | | 36 | | | |
| 9 | | | | 23 | | | | 37 | | | |
| 10 | | | | 24 | | | | 38 | | | |
| 11 | | | | 25 | | | | 39 | | | |
| 12 | | | | 26 | | | | 40 | | | |
| 13 | | | | 27 | | | | 41 | | | |
| 14 | | | | 28 | | | | 42 | | | |

| | 감독위원 | 채점위원(1) | | 채점위원(2) | | 채점위원(3) | |
|---|---|---|---|---|---|---|---|
| | (서명) | (득점) | (서명) | (득점) | (서명) | (득점) | (서명) |

※ 답안지는 컴퓨터로 처리되므로 구기거나 더럽히지 마시고, 정답 칸 안에만 쓰십시오. 글씨가 채점란으로 들어오면 오답처리가 됩니다.

# 제    회 전국한자능력검정시험 6급 답안지(2)

| 번호 | 정답 | 1검 | 2검 | 번호 | 정답 | 1검 | 2검 | 번호 | 정답 | 1검 | 2검 |
|---|---|---|---|---|---|---|---|---|---|---|---|
| 43 | | | | 59 | | | | 75 | | | |
| 44 | | | | 60 | | | | 76 | | | |
| 45 | | | | 61 | | | | 77 | | | |
| 46 | | | | 62 | | | | 78 | | | |
| 47 | | | | 63 | | | | 79 | | | |
| 48 | | | | 64 | | | | 80 | | | |
| 49 | | | | 65 | | | | 81 | | | |
| 50 | | | | 66 | | | | 82 | | | |
| 51 | | | | 67 | | | | 83 | | | |
| 52 | | | | 68 | | | | 84 | | | |
| 53 | | | | 69 | | | | 85 | | | |
| 54 | | | | 70 | | | | 86 | | | |
| 55 | | | | 71 | | | | 87 | | | |
| 56 | | | | 72 | | | | 88 | | | |
| 57 | | | | 73 | | | | 89 | | | |
| 58 | | | | 74 | | | | 90 | | | |

수험번호 □□□-□□-□□□□　　　성명 □□□□□

생년월일 □□□□□□

※ 유성 싸인펜, 붉은색 필기구 사용 불가.

※ 답안지는 컴퓨터로 처리되므로 구기거나 더럽히지 마시고, 정답 칸 안에만 쓰십시오. 글씨가 채점란으로 들어오면 오답처리가 됩니다.

# 제    회 전국한자능력검정시험 6급 답안지(1)　　(시험시간 50분)

| 번호 | 정답 | 1검 | 2검 | 번호 | 정답 | 1검 | 2검 | 번호 | 정답 | 1검 | 2검 |
|---|---|---|---|---|---|---|---|---|---|---|---|
| 1 | | | | 15 | | | | 29 | | | |
| 2 | | | | 16 | | | | 30 | | | |
| 3 | | | | 17 | | | | 31 | | | |
| 4 | | | | 18 | | | | 32 | | | |
| 5 | | | | 19 | | | | 33 | | | |
| 6 | | | | 20 | | | | 34 | | | |
| 7 | | | | 21 | | | | 35 | | | |
| 8 | | | | 22 | | | | 36 | | | |
| 9 | | | | 23 | | | | 37 | | | |
| 10 | | | | 24 | | | | 38 | | | |
| 11 | | | | 25 | | | | 39 | | | |
| 12 | | | | 26 | | | | 40 | | | |
| 13 | | | | 27 | | | | 41 | | | |
| 14 | | | | 28 | | | | 42 | | | |

| | 감독위원 | 채점위원(1) | | 채점위원(2) | | 채점위원(3) | |
|---|---|---|---|---|---|---|---|
| | (서명) | (득점) | (서명) | (득점) | (서명) | (득점) | (서명) |

※ 뒷면으로 이어짐

제　전국공통자격검정시험 6급 답안지(2)

※ 답안지는 검정색으로 기입하거나 타원으로 마킹하고, 정답 및 인적 사항 이외에 낙서, 글씨 및 채점란에 등 이외의 곳에 문제표기가 일절금지됩니다.

| 답안란 | | 채점란 | | 답안란 | | 채점란 | | 답안란 | | 채점란 | |
|---|---|---|---|---|---|---|---|---|---|---|---|
| 번호 | 정답 | 1검 | 2검 | 번호 | 정답 | 1검 | 2검 | 번호 | 정답 | 1검 | 2검 |
| 43 | | | | 59 | | | | 75 | | | |
| 44 | | | | 60 | | | | 76 | | | |
| 45 | | | | 61 | | | | 77 | | | |
| 46 | | | | 62 | | | | 78 | | | |
| 47 | | | | 63 | | | | 79 | | | |
| 48 | | | | 64 | | | | 80 | | | |
| 49 | | | | 65 | | | | 81 | | | |
| 50 | | | | 66 | | | | 82 | | | |
| 51 | | | | 67 | | | | 83 | | | |
| 52 | | | | 68 | | | | 84 | | | |
| 53 | | | | 69 | | | | 85 | | | |
| 54 | | | | 70 | | | | 86 | | | |
| 55 | | | | 71 | | | | 87 | | | |
| 56 | | | | 72 | | | | 88 | | | |
| 57 | | | | 73 | | | | 89 | | | |
| 58 | | | | 74 | | | | 90 | | | |

**01** 다음 밑줄 친 漢字語의 讀音을 쓰세요. (1~33)

보기　　　　漢字 → 한자

1 各界에서 훌륭한 인사들이 모였다. [　　　]

2 봄이 되니 만물이 기운차게 活動한다. [　　　]

3 서로 같음은 等式으로 표현한다. [　　　]

4 결혼하여 家庭을 갖는다. [　　　]

5 논에서 일하며 農歌를 부른다. [　　　]

6 어떤 법칙에도 例外는 있다. [　　　]

7 보는 角度에 따라 느낌이 다르다. [　　　]

8 추운 날씨에 感氣 조심하자. [　　　]

9 결혼 禮物로 반지를 교환한다. [　　　]

10 高地에서 배추 농사를 짓는다. [　　　]

11 보낸 편지의 答信이 왔다. [　　　]

12 과거에 급제하는 것을 登科라고 한다. [　　　]

13 친구 代身 모임에 참석했다. [　　　]

14 대의 名分은 반드시 지켜야 한다. [　　　]

15 그 서점에 좋은 圖書가 많다. [　　　]

16 失明 용사들을 나라에서 돌봐준다. [　　　]

17 사람으로서 道理를 지켜야 한다. [　　　]

18 新聞은 새 소식을 알려준다. [　　　]

19 마라톤에서 先頭를 달린다. [　　　]

20 綠色은 시원한 느낌을 준다. [　　　]

21 살갗을 희게 하려고 美白 크림을 발랐다.
[　　　]

22 출판사에서 여러 가지 책을 發行한다. [　　　]

23 지하철이 開通되었다. [　　　]

24 特別히 뾰족한 수가 없다. [　　　]

25 그 책의 발행 部數가 백만이 넘는다. [　　　]

26 암으로 病死하는 사람이 점점 줄어든다. [　　　]

27 시간을 지켜서 服藥해야 효과가 있다. [　　　]

28 군인에게는 맡겨진 使命이 있다. [　　　]

29 부친에게서 물려받은 事業을 열심히 한다.
[　　　]

30 컴퓨터를 速成으로 배웠다. [　　　]

31 요사이 정원 손질로 消日하고 있다. [　　　]

32 世習에 따라 정월 대보름을 맞는다. [　　　]

33 工場에서 여러 물건을 만든다. [　　　]

**02** 다음 漢字의 訓과 音을 쓰세요. (34~55)

보기　　　　字 → 글자 자

34 路 [　　　]　　35 番 [　　　]

36 來 [　　　]　　37 待 [　　　]

38 由 [　　　]　　39 樹 [　　　]

40 目 [　　　]　　41 計 [　　　]

42 間 [　　　]　　43 花 [　　　]

44 本 [　　　]　　45 算 [　　　]

46 放 [　　　]　　47 果 [　　　]

48 席 [　　　]　　49 愛 [　　　]

50 始 [　　　]　　51 空 [　　　]

52 區 [　　　]　　53 勝 [　　　]

54 族 [　　　]　　55 飮 [　　　]

**03** 다음 밑줄 친 漢字語의 漢字를 쓰세요. (56~75)

보기　　　　국어 → 國語

56 고향 산천이 그립다. [　　　]

57 사람이 몰려 입구가 복잡하다. [　　　]

58 매년 농사가 잘 되었다. [　　　]

59 북극에서의 생활을 수기로 펴냈다. [　　　]

60 그는 시립 대학교에 다닌다. [　　　]

61 <u>천리</u> 길도 한 걸음부터라는 말이 있다. [      ]

62 그는 <u>팔방</u>미인이다. [      ]

63 새 <u>주소</u>로 집을 찾아갔다. [      ]

64 <u>왕자</u>가 초등학교에 입학한다. [      ]

65 <u>식민</u>지 백성으로 많은 고통을 당했다. [      ]

66 우리는 쌀을 <u>주식</u>으로 한다. [      ]

67 부모님을 모시니 <u>안심</u>이 된다. [      ]

68 <u>자연</u> 보호 운동에 앞장선다. [      ]

69 명절 <u>전후</u>로 물가가 많이 올랐다. [      ]

70 우리 학교는 <u>읍내</u>에 있다. [      ]

71 우리 선생님은 훌륭한 <u>교육</u>자이시다. [      ]

72 그 일에 <u>정면</u>으로 반대한다. [      ]

73 내년에 <u>중학</u>교에 간다. [      ]

74 <u>이중</u>으로 처벌받아 억울하다. [      ]

75 삼촌이 그 마을의 <u>촌장</u>이시다. [      ]

**04** 다음 漢字의 반대 또는 상대되는 글자를 골라 그 번호를 쓰세요. (76~78)

76 今 : ① 共 ② 古 ③ 公 ④ 根 [      ]

77 朝 : ① 才 ② 戰 ③ 夕 ④ 在 [      ]

78 晝 : ① 夜 ② 陽 ③ 意 ④ 衣 [      ]

**05** 다음 (    )에 알맞은 漢字를 〈보기〉에서 찾아 그 번호를 쓰세요. (79~81)

| 보기 | ① 風 | ② 親 | ③ 苦 | ④ 集 |
|---|---|---|---|---|
| | ⑤ 月 | ⑥ 電 | ⑦ 形 | ⑧ 右 |

79 <u>同(    )同樂</u> : 같이 고생하고 같이 즐김.

80 <u>上下左(    )</u> : 위, 아래, 왼쪽, 오른쪽을 이름.

81 <u>(    )光石火</u> : 몹시 짧은 시간.

**06** 다음 漢字와 뜻이 비슷한 漢字를 골라 그 번호를 쓰세요. (82~83)

82 永 : ① 午 ② 遠 ③ 言 ④ 姓 [      ]

83 海 : ① 軍 ② 木 ③ 洋 ④ 術 [      ]

**07** 다음 중 소리(音)는 같으나 뜻(訓)이 다른 漢字를 골라 그 번호를 쓰세요. (84~85)

84 半 : ① 朴 ② 班 ③ 省 ④ 室 [      ]

85 夫 : ① 北 ② 父 ③ 注 ④ 太 [      ]

**08** 다음 漢字語의 뜻을 풀이하세요. (86~87)

| 보기 | 體力 → 몸의 힘 |
|---|---|

86 多少 :

87 強弱 :

**09** 다음 漢字의 짙게 표시한 획은 몇 번째 쓰는 획인지 숫자(1~13)로 쓰세요. (88~90)

88 勇

[      ]

89 窓

[      ]

90 園

[      ]

**수험번호** □□□-□□-□□□□　　　　**성명** □□□□□

**생년월일** □□□□□□

※ 유성 싸인펜, 붉은색 필기구 사용 불가.

※ 답안지는 컴퓨터로 처리되므로 구기거나 더럽히지 마시고, 정답 칸 안에만 쓰십시오. 글씨가 채점란으로 들어오면 오답처리가 됩니다.

# 제　　회 전국한자능력검정시험 6급 답안지(1)　　(시험시간 50분)

| 번호 | 정답 | 1검 | 2검 | 번호 | 정답 | 1검 | 2검 | 번호 | 정답 | 1검 | 2검 |
|---|---|---|---|---|---|---|---|---|---|---|---|
| | 답안란 | 채점란 | | | 답안란 | 채점란 | | | 답안란 | 채점란 | |
| 1 | | | | 15 | | | | 29 | | | |
| 2 | | | | 16 | | | | 30 | | | |
| 3 | | | | 17 | | | | 31 | | | |
| 4 | | | | 18 | | | | 32 | | | |
| 5 | | | | 19 | | | | 33 | | | |
| 6 | | | | 20 | | | | 34 | | | |
| 7 | | | | 21 | | | | 35 | | | |
| 8 | | | | 22 | | | | 36 | | | |
| 9 | | | | 23 | | | | 37 | | | |
| 10 | | | | 24 | | | | 38 | | | |
| 11 | | | | 25 | | | | 39 | | | |
| 12 | | | | 26 | | | | 40 | | | |
| 13 | | | | 27 | | | | 41 | | | |
| 14 | | | | 28 | | | | 42 | | | |

| | 감독위원 | 채점위원(1) | | 채점위원(2) | | 채점위원(3) | |
|---|---|---|---|---|---|---|---|
| | (서명) | (득점) | (서명) | (득점) | (서명) | (득점) | (서명) |

※ 뒷면으로 이어짐

※ 답안지는 컴퓨터로 처리되므로 구기거나 더럽히지 마시고, 정답 칸 안에만 쓰십시오. 글씨가 채점란으로 들어오면 오답처리가 됩니다.

# 제    회 전국한자능력검정시험 6급 답안지(2)

| 번호 | 정답 | 1검 | 2검 | 번호 | 정답 | 1검 | 2검 | 번호 | 정답 | 1검 | 2검 |
|---|---|---|---|---|---|---|---|---|---|---|---|
| 43 | | | | 59 | | | | 75 | | | |
| 44 | | | | 60 | | | | 76 | | | |
| 45 | | | | 61 | | | | 77 | | | |
| 46 | | | | 62 | | | | 78 | | | |
| 47 | | | | 63 | | | | 79 | | | |
| 48 | | | | 64 | | | | 80 | | | |
| 49 | | | | 65 | | | | 81 | | | |
| 50 | | | | 66 | | | | 82 | | | |
| 51 | | | | 67 | | | | 83 | | | |
| 52 | | | | 68 | | | | 84 | | | |
| 53 | | | | 69 | | | | 85 | | | |
| 54 | | | | 70 | | | | 86 | | | |
| 55 | | | | 71 | | | | 87 | | | |
| 56 | | | | 72 | | | | 88 | | | |
| 57 | | | | 73 | | | | 89 | | | |
| 58 | | | | 74 | | | | 90 | | | |

(社) 한국어문회 주관·한국한자능력검정회 시행

문 항 수 : 90문항
합격문항 : 63문항
제한시간 : 50분

## 01 다음 밑줄 친 漢字語의 讀音을 쓰세요. (1~33)

보기  漢字 → 한자

1 처음 意圖한 대로 일이 잘 돼 갑니다. [         ]
2 빠른 直球로 공을 던집니다. [         ]
3 빛깔을 區分하여 특색을 나타냅니다. [         ]
4 모든 사람이 共感하기란 쉽지 않습니다.
[         ]
5 여가 活動으로 등산을 합니다. [         ]
6 世間에 들리는 소식을 다 믿을 순 없습니다.
[         ]
7 서울의 交通 문제는 심각합니다. [         ]
8 計算이 빠릅니다. [         ]
9 음악에 頭角을 나타냅니다. [         ]
10 지리 學界에서 뛰어난 학자입니다. [         ]
11 事物을 정확히 관찰합니다. [         ]
12 強者는 약자를 도와야 합니다. [         ]
13 等高선은 높이가 같은 지점을 연결한 것입니다.
[         ]
14 감기에 걸려 內科 병원에 갔습니다. [         ]
15 일의 해결에 한 가닥 光明이 비칩니다. [         ]
16 農工업에 종사하는 사람이 많습니다. [         ]
17 옛말의 用例를 모은 사전이 필요합니다.
[         ]
18 그녀는 公主로 태어났습니다. [         ]
19 空白을 메웁니다. [         ]
20 郡民의 수가 점점 줄어듭니다. [         ]
21 날씨가 急速히 더워졌습니다. [         ]
22 동생 代身 심부름을 합니다. [         ]
23 고속 道路를 달립니다. [         ]
24 綠色은 눈에 시원합니다. [         ]

25 교통이 많이 便利해졌습니다. [         ]
26 天理에 어긋나는 일을 해선 안 됩니다.
[         ]
27 每番 일등 하기란 쉽지 않습니다. [         ]
28 海面에 파도가 높았습니다. [         ]
29 運命을 하늘에 맡깁니다. [         ]
30 일부러 나쁜 所聞을 내는 사람이 있습니다.
[         ]
31 美術에 뛰어난 재능이 있습니다. [         ]
32 산을 開發하는 공사가 한창입니다. [         ]
33 放心은 금물입니다. [         ]

## 02 다음 漢字의 訓과 音을 쓰세요. (34~55)

보기  字 → 글자 자

34 使 [         ]    35 目 [         ]
36 勝 [         ]    37 部 [         ]
38 各 [         ]    39 習 [         ]
40 始 [         ]    41 夫 [         ]
42 陽 [         ]    43 信 [         ]
44 本 [         ]    45 功 [         ]
46 特 [         ]    47 神 [         ]
48 果 [         ]    49 根 [         ]
50 園 [         ]    51 飲 [         ]
52 李 [         ]    53 作 [         ]
54 新 [         ]    55 在 [         ]

## 03 다음 밑줄 친 漢字語의 漢字를 쓰세요. (56~75)

보기  국어 → 國語

56 입추가 되니 날씨가 선선해집니다. [         ]

57 <u>남북</u>이 빨리 통일되어야 합니다. [     ]

58 <u>가수</u>가 전통 가요를 부릅니다. [     ]

59 아름다운 <u>강산</u>을 노래합니다. [     ]

60 <u>전화</u>로 소식을 전합니다. [     ]

61 서울 인구가 <u>천만</u> 가량 됩니다. [     ]

62 <u>정오</u>에는 볕이 뜨겁습니다. [     ]

63 <u>지하</u>에 땅굴을 파고 있습니다. [     ]

64 우리 <u>식구</u>는 세 사람입니다. [     ]

65 <u>동서</u> 쪽으로 높은 산이 있습니다. [     ]

66 얼굴에 <u>생기</u>가 돕니다. [     ]

67 <u>중년</u>이 되어 몸무게가 늘어났습니다. [     ]

68 그와 나는 같은 <u>동리</u>에서 자랐습니다. [     ]

69 <u>시외</u> 버스를 타고 갑니다. [     ]

70 <u>자연</u>이 훼손되어서는 안 됩니다. [     ]

71 <u>교육자</u>는 존경받아야 합니다. [     ]

72 <u>왕자</u>들은 무예에 뛰어났습니다. [     ]

73 <u>전후</u>가 모두 적으로 막혀 있습니다. [     ]

74 나이 들어 농촌에 <u>안주</u>합니다. [     ]

75 정원에 <u>화초</u>가 아름답게 피었습니다. [     ]

**04** 다음 漢字의 반대 또는 상대되는 글자를 골라 그 번호를 쓰세요. (76~78)

76 今 : ① 車  ② 古  ③ 堂  ④ 英 [     ]

77 樂 : ① 失  ② 京  ③ 金  ④ 苦 [     ]

78 近 : ① 遠  ② 服  ③ 病  ④ 半 [     ]

**05** 다음 (  )에 알맞은 漢字를 〈보기〉에서 찾아 그 번호를 쓰세요. (79~81)

| 보기 | ① 邑 | ② 短 | ③ 有 | ④ 衣 |
| | ⑤ 戰 | ⑥ 族 | ⑦ 醫 | ⑧ 集 |

79 一長一(  )

80 愛國愛(  )

81 男女(  )別

**06** 다음 漢字와 뜻이 비슷한 漢字를 골라 그 번호를 쓰세요. (82~83)

82 家 : ① 村  ② 體  ③ 室  ④ 川 [     ]

83 和 : ① 出  ② 溫  ③ 才  ④ 寸 [     ]

**07** 다음 중 소리(音)는 같으나 뜻(訓)이 다른 漢字를 골라 그 번호를 쓰세요. (84~85)

84 幸 : ① 現  ② 行  ③ 畫  ④ 親 [     ]

85 兄 : ① 形  ② 向  ③ 號  ④ 重 [     ]

**08** 다음 漢字語의 뜻을 풀이하세요. (86~87)

| 보기 | 體力 : 몸의 힘 |

86 樹林 :

87 多少 :

**09** 다음 漢字의 짙게 표시한 획은 몇 번째 쓰는 획인지 숫자로 쓰세요. (88~90)

88 夏 [     ]

89 死 [     ]

90 旗 [     ]

**수험번호** □□□-□□-□□□□　　　　　**성명** □□□□□

**생년월일** □□□□□□

※ 유성 싸인펜, 붉은색 필기구 사용 불가.

※ 답안지는 컴퓨터로 처리되므로 구기거나 더럽히지 마시고, 정답 칸 안에만 쓰십시오. 글씨가 채점란으로 들어오면 오답처리가 됩니다.

# 제　　회 전국한자능력검정시험 6급 답안지(1)　　(시험시간 50분)

| 번호 | 정답 | 1검 | 2검 | 번호 | 정답 | 1검 | 2검 | 번호 | 정답 | 1검 | 2검 |
|---|---|---|---|---|---|---|---|---|---|---|---|
| 1 | | | | 15 | | | | 29 | | | |
| 2 | | | | 16 | | | | 30 | | | |
| 3 | | | | 17 | | | | 31 | | | |
| 4 | | | | 18 | | | | 32 | | | |
| 5 | | | | 19 | | | | 33 | | | |
| 6 | | | | 20 | | | | 34 | | | |
| 7 | | | | 21 | | | | 35 | | | |
| 8 | | | | 22 | | | | 36 | | | |
| 9 | | | | 23 | | | | 37 | | | |
| 10 | | | | 24 | | | | 38 | | | |
| 11 | | | | 25 | | | | 39 | | | |
| 12 | | | | 26 | | | | 40 | | | |
| 13 | | | | 27 | | | | 41 | | | |
| 14 | | | | 28 | | | | 42 | | | |

| | 감독위원 | 채점위원(1) | | 채점위원(2) | | 채점위원(3) | |
|---|---|---|---|---|---|---|---|
| | (서명) | (득점) | (서명) | (득점) | (서명) | (득점) | (서명) |

※ 뒷면으로 이어짐

※ 답안지는 컴퓨터로 처리되므로 구기거나 더럽히지 마시고, 정답 칸 안에만 쓰시오. 글씨가 채점란으로 넘어오면 오답처리가 됩니다.

## 제　　회 전국한자능력검정시험 6급 답안지(2)

| 답안란 | | 채점란 | | 답안란 | | 채점란 | | 답안란 | | 채점란 | |
|---|---|---|---|---|---|---|---|---|---|---|---|
| 번호 | 정답 | 1검 | 2검 | 번호 | 정답 | 1검 | 2검 | 번호 | 정답 | 1검 | 2검 |
| 43 | | | | 59 | | | | 75 | | | |
| 44 | | | | 60 | | | | 76 | | | |
| 45 | | | | 61 | | | | 77 | | | |
| 46 | | | | 62 | | | | 78 | | | |
| 47 | | | | 63 | | | | 79 | | | |
| 48 | | | | 64 | | | | 80 | | | |
| 49 | | | | 65 | | | | 81 | | | |
| 50 | | | | 66 | | | | 82 | | | |
| 51 | | | | 67 | | | | 83 | | | |
| 52 | | | | 68 | | | | 84 | | | |
| 53 | | | | 69 | | | | 85 | | | |
| 54 | | | | 70 | | | | 86 | | | |
| 55 | | | | 71 | | | | 87 | | | |
| 56 | | | | 72 | | | | 88 | | | |
| 57 | | | | 73 | | | | 89 | | | |
| 58 | | | | 74 | | | | 90 | | | |

**01** 다음 밑줄 친 漢字語의 讀音을 쓰세요. (1~33)

보기    漢字 → 한자

1 지난날보다는 <u>現在</u>에 충실합시다. [      ]

2 눈이 와서 <u>路面</u>이 미끄럽습니다. [      ]

3 <u>話頭</u>를 잘 꺼내야 좋은 대화를 할 수 있습니다.
[      ]

4 <u>英才</u> 교육은 어려서 시작하는 것이 좋습니다.
[      ]

5 <u>弱者</u>들은 보호를 받아야 합니다. [      ]

6 조각가가 인어의 <u>形體</u>를 아름답게 빚어냅니다.
[      ]

7 그 분은 <u>野心</u> 만만한 사람입니다. [      ]

8 나침반으로 <u>向方</u>을 알아봅니다. [      ]

9 <u>太陽</u>은 언제나 빛나고 만물을 육성합니다.
[      ]

10 우리나라는 <u>海洋</u> 산업이 발달하였습니다.
[      ]

11 환절기에는 <u>溫度</u>의 차이가 심합니다. [      ]

12 군인으로서 용감한 <u>行動</u>이 모두를 감동시켰습니다.
[      ]

13 초등학교에 들어가자 사리<u>分別</u>이 더 명확해졌습니다.
[      ]

14 농촌에서의 생활은 <u>平和</u>롭습니다. [      ]

15 우리 민족의 <u>始祖</u>는 단군이십니다. [      ]

16 교통 <u>信號</u>를 어겨서는 안 됩니다. [      ]

17 결혼 <u>禮式</u>을 마치고 신혼여행을 떠납니다.
[      ]

18 <u>農業</u>에 종사하는 사람이 점점 적어집니다.
[      ]

19 <u>不幸</u>하게도 교통사고로 많은 사람이 사망합니다.
[      ]

20 동생은 친구들과 어울려 <u>活氣</u>차게 잘 놉니다.
[      ]

21 스마트폰을 <u>利用</u>하는 사람들이 늘어납니다.
[      ]

22 환자의 <u>病室</u>로 위문을 갑니다. [      ]

23 <u>衣服</u>은 깨끗하고 잘 맞게 입어야 합니다.
[      ]

24 시간에 늦지 않게 <u>出席</u>해야 합니다. [      ]

25 <u>永遠</u>히 변하지 않는 것은 없습니다. [      ]

26 해저에서 <u>石油</u>를 캐냅니다. [      ]

27 <u>理由</u>없는 반항을 하는 청소년이 있습니다.
[      ]

28 <u>世界</u> 곳곳으로 여행 갈 계획을 세웁니다.
[      ]

29 사람의 <u>根本</u>은 모두 착하다고 합니다. [      ]

30 과일마다 <u>特有</u>의 향기가 있습니다. [      ]

31 <u>番地</u>를 알고 집을 찾아갑니다. [      ]

32 <u>神主</u>를 모시고 차례를 지냅니다. [      ]

33 <u>工場</u>에서 여러 물품을 생산합니다. [      ]

**02** 다음 漢字의 訓과 音을 쓰세요. (34~55)

보기    字 → 글자 자

34 半 [      ]    35 等 [      ]

36 班 [      ]    37 美 [      ]

38 書 [      ]    39 開 [      ]

40 線 [      ]    41 急 [      ]

42 歌 [      ]    43 放 [      ]

44 運 [      ]    45 京 [      ]

46 園 [      ]    47 近 [      ]

48 通 [      ]    49 果 [      ]

50 族 [      ]    51 術 [      ]

52 苦 [      ]    53 功 [      ]

54 集 [      ]    55 習 [      ]

**03** 다음 밑줄 친 漢字語를 漢字로 쓰세요. (56~75)

보기        국어 → 國語

56 이름을 지어 붙이는 일을 <u>명명</u>이라 합니다. [   ]

57 빈 공간에 텃밭을 <u>만</u>듭니다. [   ]

58 <u>동구</u> 밖에서 농악 소리가 들립니다. [   ]

59 그 말에 당황한 <u>기색</u>이 보였습니다. [   ]

60 신문에 특종 <u>기사</u>가 났습니다. [   ]

61 부모에게 <u>효도</u>해야 합니다. [   ]

62 <u>내년</u>에 중학교에 갑니다. [   ]

63 <u>산수</u> 시험에 백 점을 받았습니다. [   ]

64 종자가 <u>동일</u>해도 모양은 다 다릅니다. [   ]

65 매주 일요일에 <u>등산</u>을 합니다. [   ]

66 <u>식물</u>은 공기와 물과 흙에서 영양분을 섭취합니다. [   ]

67 <u>자연</u>은 있는 그대로 보존해야 합니다. [   ]

68 <u>매일</u> 10시에 잠자리에 듭니다. [   ]

69 <u>목수</u>들이 집을 짓습니다. [   ]

70 시장은 <u>시민</u>들의 의견을 존중합니다. [   ]

71 <u>교육</u>자들은 사명감이 있어야 합니다. [   ]

72 누구나 <u>가문</u>의 명예를 존중합니다. [   ]

73 우리 집안에는 <u>사촌</u>들이 많습니다. [   ]

74 넓은 평야에 <u>안주</u>하며 농사짓고 가축을 길렀습니다. [   ]

75 아파트에는 관리<u>소장</u>이 계십니다. [   ]

**04** 다음 漢字의 반대 또는 상대되는 글자를 골라 그 번호를 쓰세요. (76~78)

76 昨 : ① 金 ② 今 ③ 旗 ④ 車 [   ]

77 朝 : ① 成 ② 李 ③ 夕 ④ 足 [   ]

78 晝 : ① 速 ② 夜 ③ 愛 ④ 樹 [   ]

**05** 다음 漢字와 뜻이 비슷한 漢字를 골라 그 번호를 쓰세요. (79~80)

79 目 : ① 科 ② 身 ③ 失 ④ 部 [   ]

80 正 : ① 勝 ② 省 ③ 直 ④ 夫 [   ]

**06** 다음 ( ) 안에 알맞은 漢字를 〈보기〉에서 찾아 그 번호를 쓰세요. (81~83)

보기   ① 邑   ② 食   ③ 靑   ④ 飮
     ⑤ 作   ⑥ 淸   ⑦ 孫   ⑧ 銀

81 ( )風明月 – 맑은 바람과 밝은 달.

82 子( )萬代 – 오래도록 내려오는 여러 대.

83 二八( )春 – 16세 무렵의 꽃다운 청춘.

**07** 다음 중 소리(音)는 같으나 뜻(訓)이 다른 漢字를 골라 그 번호를 쓰세요. (84~85)

84 畵 : ① 表 ② 花 ③ 土 ④ 姓 [   ]

85 前 : ① 電 ② 注 ③ 勇 ④ 消 [   ]

**08** 다음 漢字語의 뜻을 풀이하세요. (86~87)

보기        國力 : 나라의 힘

86 意外 :

87 共感 :

**09** 다음 漢字의 짙게 표시한 획은 몇 번째 쓰는 획인지 〈보기〉에서 찾아 그 번호를 쓰세요. (88~90)

보기   ① 첫 번째      ② 두 번째
     ③ 세 번째      ④ 네 번째
     ⑤ 다섯 번째    ⑥ 여섯 번째
     ⑦ 일곱 번째    ⑧ 여덟 번째
     ⑨ 아홉 번째    ⑩ 열 번째
     ⑪ 열한 번째    ⑫ 열두 번째

88 圖 [   ]    89 戰 [   ]

90 秋 [   ]

수험번호 □□□-□□-□□□□　　　성명 □□□□□

생년월일 □□□□□□

※ 유성 싸인펜, 붉은색 필기구 사용 불가.

※ 답안지는 컴퓨터로 처리되므로 구기거나 더럽히지 마시고, 정답 칸 안에만 쓰십시오. 글씨가 채점란으로 들어오면 오답처리가 됩니다.

# 제    회 전국한자능력검정시험 6급 답안지(1)　　(시험시간 50분)

| 번호 | 정답 | 1검 | 2검 | 번호 | 정답 | 1검 | 2검 | 번호 | 정답 | 1검 | 2검 |
|---|---|---|---|---|---|---|---|---|---|---|---|
| | 답 안 란 | 채점란 | | | 답 안 란 | 채점란 | | | 답 안 란 | 채점란 | |
| 1 | | | | 15 | | | | 29 | | | |
| 2 | | | | 16 | | | | 30 | | | |
| 3 | | | | 17 | | | | 31 | | | |
| 4 | | | | 18 | | | | 32 | | | |
| 5 | | | | 19 | | | | 33 | | | |
| 6 | | | | 20 | | | | 34 | | | |
| 7 | | | | 21 | | | | 35 | | | |
| 8 | | | | 22 | | | | 36 | | | |
| 9 | | | | 23 | | | | 37 | | | |
| 10 | | | | 24 | | | | 38 | | | |
| 11 | | | | 25 | | | | 39 | | | |
| 12 | | | | 26 | | | | 40 | | | |
| 13 | | | | 27 | | | | 41 | | | |
| 14 | | | | 28 | | | | 42 | | | |

| | 감독위원 | 채점위원(1) | | 채점위원(2) | | 채점위원(3) | |
|---|---|---|---|---|---|---|---|
| | (서명) | (득점) | (서명) | (득점) | (서명) | (득점) | (서명) |

※ 뒷면으로 이어짐

※ 답안지는 컴퓨터로 처리되므로 구기거나 더럽히지 마시고, 정답 칸 안에만 쓰십시오. 글씨가 채점란으로 들어오면 오답처리가 됩니다.

| 답안란 | | 채점란 | | 답안란 | | 채점란 | | 답안란 | | 채점란 | |
|---|---|---|---|---|---|---|---|---|---|---|---|
| 번호 | 정답 | 1검 | 2검 | 번호 | 정답 | 1검 | 2검 | 번호 | 정답 | 1검 | 2검 |
| 43 | | | | 59 | | | | 75 | | | |
| 44 | | | | 60 | | | | 76 | | | |
| 45 | | | | 61 | | | | 77 | | | |
| 46 | | | | 62 | | | | 78 | | | |
| 47 | | | | 63 | | | | 79 | | | |
| 48 | | | | 64 | | | | 80 | | | |
| 49 | | | | 65 | | | | 81 | | | |
| 50 | | | | 66 | | | | 82 | | | |
| 51 | | | | 67 | | | | 83 | | | |
| 52 | | | | 68 | | | | 84 | | | |
| 53 | | | | 69 | | | | 85 | | | |
| 54 | | | | 70 | | | | 86 | | | |
| 55 | | | | 71 | | | | 87 | | | |
| 56 | | | | 72 | | | | 88 | | | |
| 57 | | | | 73 | | | | 89 | | | |
| 58 | | | | 74 | | | | 90 | | | |

(社) 한국어문회 주관 · 한국한자능력검정회 시행

# 한자능력검정시험 6급 예상문제

문 항 수 : 90문항
합격문항 : 63문항
제한시간 : 50분

**01 다음 밑줄 친 漢字語의 讀音을 쓰세요. (1~33)**

보기   漢字 → 한자

1  대도시의 交通은 혼잡합니다. [      ]
2  규칙적인 運動은 건강에 좋습니다. [      ]
3  地球에는 수 많은 생물이 삽니다. [      ]
4  農夫들은 날씨에 따라 농사를 짓습니다.
[      ]
5  선행을 한 事例를 모아 발표회를 엽니다.
[      ]
6  사고가 發生하기 전에 예방합시다. [      ]
7  가로등이 밝아서 밤길에 安心하고 다닙니다.
[      ]
8  家族은 서로 화목해야 합니다. [      ]
9  복잡한 거리에서 方向 감각을 잃었습니다.
[      ]
10 얼굴에 안 좋은 氣色이 나타났습니다. [      ]
11 對話를 많이 해야 친해집니다. [      ]
12 비타민은 成長에 꼭 필요합니다. [      ]
13 항상 注意해서 운전해야 합니다. [      ]
14 영양분을 만들 때 植物은 빛을 이용합니다.
[      ]
15 우리 반을 代表해서 회의에 참석합니다.
[      ]
16 孝道하는 마음은 공경에서 시작됩니다. [      ]
17 전화를 活用하여 편리한 생활을 합니다.
[      ]
18 우리나라는 강산의 경치가 아름답기로 有名합
니다. [      ]
19 여름 放學 때에 해수욕장에 갑니다. [      ]
20 몸이 不便한 사람에게 자리를 양보합니다.
[      ]

21 工場 굴뚝에서 연기가 납니다. [      ]
22 午後에는 축구 시합을 했습니다. [      ]
23 많은 사람들이 그의 의견에 共感했습니다.
[      ]
24 9시에 수업을 開始합니다. [      ]
25 計算은 정확해야 합니다. [      ]
26 讀書는 마음의 양식입니다. [      ]
27 형님은 신문사 記者이십니다. [      ]
28 좋은 상품을 區分해 내는 일이 어렵습니다.
[      ]
29 물리 科目은 공부하기 힘듭니다. [      ]
30 光速보다 빠른 비행기는 없습니다. [      ]
31 잘못을 反省하고 새 출발합니다. [      ]
32 身體가 건강해야 정신도 건강합니다. [      ]
33 禮式장에 손님이 많습니다. [      ]

**02 다음 漢字의 訓과 音을 쓰세요. (34~55)**

보기   字 → 글자 자

34 圖 [      ]  35 路 [      ]
36 綠 [      ]  37 番 [      ]
38 登 [      ]  39 休 [      ]
40 別 [      ]  41 歌 [      ]
42 病 [      ]  43 間 [      ]
44 形 [      ]  45 幸 [      ]
46 堂 [      ]  47 果 [      ]
48 集 [      ]  49 根 [      ]
50 理 [      ]  51 席 [      ]
52 待 [      ]  53 行 [      ]
54 立 [      ]  55 使 [      ]

**03** 다음 밑줄 친 漢字語의 漢字를 쓰세요. (56~75)

| 보기 | 한국 → 韓國 |

56 <u>청춘</u>은 아름다운 시절입니다. [　　　]

57 들판에 <u>초목</u>이 무성하게 자랐습니다. [　　　]

58 <u>공중</u>에 비행기 한 대가 떠갑니다. [　　　]

59 아침 <u>식전</u>에 냉수를 마십니다. [　　　]

60 <u>출구</u>가 비좁아서 나오는데 시간이 걸렸습니다. [　　　]

61 시골에 사는 백성을 <u>촌민</u>이라고도 합니다. [　　　]

62 정삼각형은 세 변의 길이가 <u>동일</u>합니다. [　　　]

63 <u>동리</u>의 우리 말은 '마을'입니다. [　　　]

64 <u>시외</u> 버스가 마을 입구까지 들어옵니다. [　　　]

65 <u>내년</u>에 중학교에 갑니다. [　　　]

66 <u>해군</u>이 되어 바다를 지키고 싶습니다. [　　　]

67 울창한 <u>산림</u> 속에 별장이 있습니다. [　　　]

68 가정 <u>교육</u>이 학교 교육 못지 않게 중요합니다. [　　　]

69 매일 규칙적인 <u>생활</u>을 합니다. [　　　]

70 계약을 하면서 <u>선금</u>을 줍니다. [　　　]

71 <u>만세</u>에 전해질 만큼 위대한 작품입니다. [　　　]

72 <u>백성</u>의 뜻에 맞게 나라를 다스립니다. [　　　]

73 산을 넘으니 <u>평면</u>의 들판에 곡식이 무르익어가고 있었습니다. [　　　]

74 <u>자연</u>이 훼손되어서는 안 됩니다. [　　　]

75 <u>백기</u>를 들고 적군이 항복합니다. [　　　]

**04** 다음 漢字의 반대 또는 상대되는 글자를 골라 그 번호를 쓰세요. (76~78)

76 苦 : ① 部 ② 等 ③ 樂 ④ 頭 [　　　]

77 近 : ① 遠 ② 急 ③ 利 ④ 命 [　　　]

78 夏 : ① 失 ② 冬 ③ 線 ④ 雪 [　　　]

**05** 다음 ( ) 안에 알맞은 漢字를 <보기>에서 찾아 그 번호를 쓰세요. (79~81)

| 보기 | ① 右　② 消　③ 室　④ 神<br>⑤ 今　⑥ 朝 |

79 花( )月夕 - 꽃 피는 아침과 달 뜨는 저녁.

80 東西古( ) - 동양과 서양, 옛과 지금.

81 上下左( ) - 위, 아래, 왼쪽, 아래쪽.

**06** 다음 漢字와 뜻이 비슷한 漢字를 골라 그 번호를 쓰세요. (82~83)

82 郡 : ① 業 ② 言 ③ 邑 ④ 服 [　　　]

83 英 : ① 特 ② 永 ③ 住 ④ 所 [　　　]

**07** 다음 중 소리(音)는 같으나 뜻(訓)이 다른 漢字를 골라 그 번호를 쓰세요. (84~85)

84 樹 : ① 章 ② 衣 ③ 在 ④ 數 [　　　]

85 戰 : ① 陽 ② 電 ③ 作 ④ 才 [　　　]

**08** 다음 漢字語의 뜻을 풀이하세요. (86~87)

86 正直 :

87 多少 :

**09** 다음 漢字의 짙게 표시한 획은 몇 번째 쓰는 획인지 숫자(1~13)로 쓰세요. (88~90)

88 新 [　　　]

89 童 [　　　]

90 銀 [　　　]

수험번호 □□□-□□-□□□□   성명 □□□□□

생년월일 □□□□□□

※ 유성 싸인펜, 붉은색 필기구 사용 불가.

※ 답안지는 컴퓨터로 처리되므로 구기거나 더럽히지 마시고, 정답 칸 안에만 쓰십시오. 글씨가 채점란으로 들어오면 오답처리가 됩니다.

# 제　회 전국한자능력검정시험 6급 답안지(1)　(시험시간 50분)

| 번호 | 정답 | 1검 | 2검 | 번호 | 정답 | 1검 | 2검 | 번호 | 정답 | 1검 | 2검 |
|---|---|---|---|---|---|---|---|---|---|---|---|
| 1 | | | | 15 | | | | 29 | | | |
| 2 | | | | 16 | | | | 30 | | | |
| 3 | | | | 17 | | | | 31 | | | |
| 4 | | | | 18 | | | | 32 | | | |
| 5 | | | | 19 | | | | 33 | | | |
| 6 | | | | 20 | | | | 34 | | | |
| 7 | | | | 21 | | | | 35 | | | |
| 8 | | | | 22 | | | | 36 | | | |
| 9 | | | | 23 | | | | 37 | | | |
| 10 | | | | 24 | | | | 38 | | | |
| 11 | | | | 25 | | | | 39 | | | |
| 12 | | | | 26 | | | | 40 | | | |
| 13 | | | | 27 | | | | 41 | | | |
| 14 | | | | 28 | | | | 42 | | | |

| | 감독위원 | 채점위원(1) | | 채점위원(2) | | 채점위원(3) | |
|---|---|---|---|---|---|---|---|
| | (서명) | (득점) | (서명) | (득점) | (서명) | (득점) | (서명) |

※ 뒷면으로 이어짐

# 제   회 전국한자능력검정시험 6급 답안지(2)

| 답안란 | | 채점란 | | 답안란 | | 채점란 | | 답안란 | | 채점란 | |
|---|---|---|---|---|---|---|---|---|---|---|---|
| 번호 | 정답 | 1검 | 2검 | 번호 | 정답 | 1검 | 2검 | 번호 | 정답 | 1검 | 2검 |
| 43 | | | | 59 | | | | 75 | | | |
| 44 | | | | 60 | | | | 76 | | | |
| 45 | | | | 61 | | | | 77 | | | |
| 46 | | | | 62 | | | | 78 | | | |
| 47 | | | | 63 | | | | 79 | | | |
| 48 | | | | 64 | | | | 80 | | | |
| 49 | | | | 65 | | | | 81 | | | |
| 50 | | | | 66 | | | | 82 | | | |
| 51 | | | | 67 | | | | 83 | | | |
| 52 | | | | 68 | | | | 84 | | | |
| 53 | | | | 69 | | | | 85 | | | |
| 54 | | | | 70 | | | | 86 | | | |
| 55 | | | | 71 | | | | 87 | | | |
| 56 | | | | 72 | | | | 88 | | | |
| 57 | | | | 73 | | | | 89 | | | |
| 58 | | | | 74 | | | | 90 | | | |

## 【제1회】 예상문제(25p~26p)

| | | | |
|---|---|---|---|
| 1 농가 | 2 매사 | 3 급속 | 4 공공 |
| 5 단명 | 6 각자 | 7 풍문 | 8 각도 |
| 9 반장 | 10 정답 | 11 발표 | 12 공과 |
| 13 구별 | 14 복용 | 15 광명 | 16 양기 |
| 17 두목 | 18 해양 | 19 동심 | 20 물리 |
| 21 병약 | 22 작업 | 23 부하 | 24 선로 |
| 25 소실 | 26 화약 | 27 평야 | 28 천연 |
| 29 승리 | 30 형식 | 31 행운 | 32 육영 |
| 33 현재 | 34 오를 등 | 35 예도 례 | 36 기다릴 대 |
| 37 움직일 동 | 38 모 방 | 39 실과 과 | 40 하여금 사 |
| 41 말미암을 유 | 42 사이 간 | 43 공 구 | 44 새 신 |
| 45 마당 장 | 46 부을 주 | 47 공 공 | 48 모을 집 |
| 49 차례 번 | 50 비로소 시 | 51 뿌리 근 | 52 기록할 기 |
| 53 사랑 애 | 54 편안 안 | 55 누를 황 | 56 空軍 |
| 57 同時 | 58 弟子 | 59 市內 | 60 水面 |
| 61 食口 | 62 小邑 | 63 五色 | 64 植民地 |
| 65 世上 | 66 有名 | 67 手足 | 68 人夫 |
| 69 午後 | 70 電話 | 71 王室 | 72 生前 |
| 73 千萬 | 74 大門 | 75 出入 | 76 ② |
| 77 ④ | 78 ① | 79 ② | 80 ③ |
| 81 ④ | 82 ④ | 83 ② | 84 ③ |
| 85 ② | 86 直立 | 87 花草 | 88 ⑥ |
| 89 ⑤ | 90 ⑨ | | |

## 【제2회】 예상문제(29p~30p)

| | | | |
|---|---|---|---|
| 1 등분 | 2 특별 | 3 개통 | 4 본부 |
| 5 감기 | 6 번호 | 7 세간 | 8 방심 |
| 9 백기 | 10 사업 | 11 구근 | 12 풍습 |
| 13 성공 | 14 작동 | 15 도리 | 16 급속 |
| 17 용례 | 18 과목 | 19 선로 | 20 사명 |
| 21 승자 | 22 신문 | 23 발명 | 24 해양 |
| 25 친족 | 26 가정 | 27 조상 | 28 서면 |
| 29 소실 | 30 자신 | 31 석유 | 32 장소 |
| 33 애중 | 34 기다릴 대 | 35 누를 황 | 36 아름다울 미 |
| 37 자리 석 | 38 눈 설 | 39 사귈 교 | 40 손자 손 |
| 41 병 병 | 42 클 태 | 43 살필 성, 줄일 생 | |
| 44 나무 수 | 45 겉 표 | 46 빛 광 | 47 재주 술 |
| 48 오를 등 | 49 구분할 구 | 50 법 식 | 51 들 야 |
| 52 창 창 | 53 향할 향 | 54 말미암을 유 | 55 싸움 전 |
| 56 電話 | 57 平生 | 58 空中 | 59 入住 |
| 60 食口 | 61 立方 | 62 農土 | 63 植民 |
| 64 同時 | 65 市長 | 66 便安 | 67 物色 |
| 68 天然 | 69 百花 | 70 每日 | 71 主人 |
| 72 算數 | 73 正午 | 74 草木 | 75 不孝 |
| 76 ④ 樂 | 77 ② 夏 | 78 ① 遠 | 79 ⑥ 計 |
| 80 ③ 後 | 81 ⑤ 夕 | 82 ② 身 | 83 ② 靑 |
| 84 ② 衣 | 85 ③ 班 | 86 父女 | 87 內外 |
| 88 ⑩ | 89 ⑦ | 90 ⑥ | |

## 【제3회】 예상문제(33p~35p)

| | | | |
|---|---|---|---|
| 1 도로 | 2 용례 | 3 훈화 | 4 다행 |
| 5 표현 | 6 발병 | 7 강약 | 8 목례 |
| 9 풍향 | 10 집중 | 11 중력 | 12 광속 |
| 13 친교 | 14 작금 | 15 근본 | 16 시구 |
| 17 대등 | 18 교복 | 19 정원 | 20 개방 |
| 21 번호 | 22 대독 | 23 창문 | 24 직각 |
| 25 자유 | 26 운행 | 27 신동 | 28 명분 |
| 29 주입 | 30 공통 | 31 특별 | 32 동족 |
| 33 형성 | 34 백성 민 | 35 푸를 록 | 36 짧을 단 |
| 37 느낄 감 | 38 머리 두 | 39 늙을 로 | 40 수풀 림 |
| 41 사라질 소 | 42 익힐 습 | 43 기다릴 대 | 44 기록할 기 |
| 45 목숨 명 | 46 쓸 고 | 47 이길 승 | 48 나무 수 |
| 49 줄 선 | 50 뜻 의 | 51 뒤 후 | 52 오를 등 |
| 53 자리 석 | 54 서울 경 | 55 높을 고 | 56 休日 |
| 57 動物 | 58 空間 | 59 內外 | 60 江山 |
| 61 食水 | 62 父子 | 63 手足 | 64 午前 |
| 65 便安 | 66 場所 | 67 世上 | 68 天然 |
| 69 秋夕 | 70 電氣 | 71 三面 | 72 生色 |
| 73 軍歌 | 74 花草 | 75 敎育 | 76 ① 夜 |
| 77 ③ 女 | 78 ③ 死 | 79 ② 答 | 80 ① 計 |
| 81 ④ 事 | 82 ② 郡 | 83 ① 晝 | 84 ④ 夫 |
| 85 ③ 長 | 86 몸의 온도 | 87 몸과 마음 | 88 ⑨ |
| 89 ⑥ | 90 ⑤ | | |

## 【제4회】 예상문제(36p~38p)

| | | | |
|---|---|---|---|
| 1 신장 | 2 친근 | 3 녹색 | 4 번지 |
| 5 유화 | 6 구형 | 7 과수원 | 8 집합 |
| 9 유별 | 10 기수 | 11 특사 | 12 초당 |
| 13 등수 | 14 전광 | 15 후반 | 16 술수 |
| 17 신병 | 18 반성 | 19 계산 | 20 약용 |
| 21 발동 | 22 조회 | 23 통화 | 24 시작 |
| 25 양복 | 26 강력 | 27 영원 | 28 약체 |
| 29 정족수 | 30 전사 | 31 근본 | 32 독자 |
| 33 김만중 | 34 느낄 감 | 35 열 개 | 36 의원 의 |
| 37 마실 음 | 38 겨레 족 | 39 지경/구분할 구 | |
| 40 고을 군 | 41 짧을 단 | 42 놓을 방 | 43 그림 도 |
| 44 믿을 신 | 45 머리 두 | 46 이름 호 | 47 예도 례 |
| 48 길 로 | 49 볕 양 | 50 나눌 반 | 51 사랑 애 |
| 52 아이 동 | 53 과목 과 | 54 이길 승 | 55 줄 선 |
| 56 秋夕 | 57 時間 | 58 安全 | 59 年老 |
| 60 日記 | 61 敎育 | 62 農村 | 63 家事 |
| 64 心氣 | 65 場內 | 66 住民 | 67 先王 |
| 68 紙面 | 69 自然 | 70 小食 | 71 植木日 |
| 72 東海 | 73 校花 | 74 活火山 | 75 五六月 |
| 76 ③ | 77 ④ | 78 ② | 79 ⑥ |
| 80 ④ | 81 ⑧ | 82 ① | 83 ④ |
| 84 ③ | 85 ④ | 86 행복한 운수, 좋은 운수. | |
| 87 배우고 익힘 | 88 ⑦ | 89 ⑨ | 90 ⑧ |

## 【제5회】 예상문제(39p~41p)

| | | | |
|---|---|---|---|
| 1 의식주 | 2 가정 | 3 북풍 | 4 시조 |
| 5 서양 | 6 본업 | 7 급행 | 8 구두 |
| 9 운신 | 10 승자 | 11 동화 | 12 장단 |
| 13 답례 | 14 외향 | 15 낙원 | 16 직감 |
| 17 집중 | 18 남녀공학 | 19 용변 | 20 표출 |
| 21 약체 | 22 동창 | 23 주의 | 24 야생 |
| 25 도식 | 26 정색 | 27 반성 | 28 소실 |
| 29 천재 | 30 통신 | 31 한강 | 32 형언 |
| 33 휴화산 | 34 그럴 연 | 35 기다릴 대 | 36 손자 손 |
| 37 기름 유 | 38 뿔 각 | 39 여름 하 | 40 기를 육 |
| 41 차례 제 | 42 나타날 현 | 43 따뜻할 온 | 44 길 로 |
| 45 읽을 독/구절 두 | | 46 별 양 | 47 이름 호 |
| 48 재주 술 | 49 겨레 족 | 50 모일 사 | 51 가을 추 |
| 52 그림 화/그을 획 | | 53 특별할 특 | 54 모일 회 |
| 55 집 당 | 56 歌手 | 57 時間 | 58 白旗 |
| 59 便安 | 60 南下 | 61 洞里 | 62 市內 |
| 63 不足 | 64 自動車 | 65 空氣 | 66 校花 |
| 67 記事 | 68 人命 | 69 算數 | 70 邑面 |
| 71 草木 | 72 名物 | 73 子正 | 74 重力 |
| 75 農夫 | 76 ② | 77 ④ | 78 ① |
| 79 ⑤ | 80 ⑧ | 81 ④ | 82 ② |
| 83 ④ | 84 ① | 85 ② | 86 活動 |
| 87 靑春 | 88 ⑦ | 89 ⑩ | 90 ⑩ |

## 【제7회】 예상문제(53p~54p)

| | | | |
|---|---|---|---|
| 1 의도 | 2 직구 | 3 구분 | 4 공감 |
| 5 활동 | 6 세간 | 7 교통 | 8 계산 |
| 9 두각 | 10 학계 | 11 사물 | 12 강자 |
| 13 등고 | 14 내과 | 15 광명 | 16 농공 |
| 17 용례 | 18 공주 | 19 공백 | 20 군민 |
| 21 급속 | 22 대신 | 23 도로 | 24 녹색 |
| 25 편리 | 26 천리 | 27 매번 | 28 해면 |
| 29 운명 | 30 소문 | 31 미술 | 32 개발 |
| 33 방심 | 34 하여금 사 | 35 눈 목 | 36 이길 승 |
| 37 떼 부 | 38 각각 각 | 39 익힐 습 | 40 비로소 시 |
| 41 지아비 부 | 42 볕 양 | 43 믿을 신 | 44 근본 본 |
| 45 공 공 | 46 특별할 특 | 47 귀신 신 | 48 실과 과 |
| 49 뿌리 근 | 50 동산 원 | 51 마실 음 | 52 오얏/성 리 |
| 53 지을 작 | 54 새 신 | 55 있을 재 | 56 立秋 |
| 57 南北 | 58 歌手 | 59 江山 | 60 電話 |
| 61 千萬 | 62 正午 | 63 地下 | 64 食口 |
| 65 東西 | 66 生氣 | 67 中年 | 68 洞里 |
| 69 市外 | 70 自然 | 71 敎育 | 72 王子 |
| 73 前後 | 74 安住 | 75 花草 | 76 ② 古 |
| 77 ④ 苦 | 78 ① 遠 | 79 ② 短 | 80 ⑥ 族 |
| 81 ③ 有 | 82 ③ 室 | 83 ② 溫 | 84 ② 行 |
| 85 ① 形 | 86 나무가 우거진 숲 (나무숲) | 87 많음과 적음 | |
| 88 9 | 89 5 | 90 7 | |

## 【제6회】 예상문제(49p~50p)

| | | | |
|---|---|---|---|
| 1 각계 | 2 활동 | 3 등식 | 4 가정 |
| 5 농가 | 6 예외 | 7 각도 | 8 감기 |
| 9 예물 | 10 고지 | 11 답신 | 12 등과 |
| 13 대신 | 14 명분 | 15 도서 | 16 실명 |
| 17 도리 | 18 신문 | 19 선두 | 20 녹색 |
| 21 미백 | 22 발행 | 23 개통 | 24 특별 |
| 25 부수 | 26 병사 | 27 복약 | 28 사명 |
| 29 사업 | 30 속성 | 31 소일 | 32 세습 |
| 33 공장 | 34 길 로 | 35 차례 번 | 36 올 래 |
| 37 기다릴 대 | 38 말미암을 유 | 39 나무 수 | 40 눈 목 |
| 41 셀 계 | 42 사이 간 | 43 꽃 화 | 44 근본 본 |
| 45 셈 산 | 46 놓을 방 | 47 실과 과 | 48 자리 석 |
| 49 사랑 애 | 50 비로소 시 | 51 빌 공 | 52 구분할 구 |
| 53 이길 승 | 54 겨레 족 | 55 마실 음 | 56 山川 |
| 57 入口 | 58 每年 | 59 手記 | 60 市立 |
| 61 千里 | 62 八方 | 63 住所 | 64 王子 |
| 65 植民 | 66 主食 | 67 安心 | 68 自然 |
| 69 前後 | 70 邑內 | 71 敎育 | 72 正面 |
| 73 中學 | 74 二重 | 75 村長 | 76 ② 古 |
| 77 ③ 夕 | 78 ① 夜 | 79 ③ 苦 | 80 ⑧ 右 |
| 81 ⑥ 電 | 82 ② 遠 | 83 ③ 洋 | 84 ② 班 |
| 85 ② 父 | 86 많음과 적음. 어느 정도 | 87 강하고 약함 | |
| 88 5 | 89 9 | 90 7 | |

## 【제8회】 예상문제(57p~58p)

| | | | |
|---|---|---|---|
| 1 현재 | 2 노면 | 3 화두 | 4 영재 |
| 5 약자 | 6 형체 | 7 야심 | 8 향방 |
| 9 태양 | 10 해양 | 11 온도 | 12 행동 |
| 13 분별 | 14 평화 | 15 시조 | 16 신호 |
| 17 예식 | 18 농업 | 19 불행 | 20 활기 |
| 21 이용 | 22 병실 | 23 의복 | 24 출석 |
| 25 영원 | 26 석유 | 27 이유 | 28 세계 |
| 29 근본 | 30 특유 | 31 번지 | 32 신주 |
| 33 공장 | 34 반 반 | 35 무리 등 | 36 나눌 반 |
| 37 아름다울 미 | 38 글 서 | 39 열 개 | 40 줄 선 |
| 41 급할 급 | 42 노래 가 | 43 놓을 방 | 44 옮길 운 |
| 45 서울 경 | 46 동산 원 | 47 가까울 근 | 48 통할 통 |
| 49 실과 과 | 50 겨레 족 | 51 재주 술 | 52 쓸 고 |
| 53 공 공 | 54 모일 집 | 55 익힐 습 | 56 命名 |
| 57 空間 | 58 洞口 | 59 氣色 | 60 記事 |
| 61 孝道 | 62 來年 | 63 算數 | 64 同一 |
| 65 登山 | 66 植物 | 67 自然 | 68 每日 |
| 69 木手 | 70 市民 | 71 敎育 | 72 家門 |
| 73 四寸 | 74 安住 | 75 所長 | 76 ② 今 |
| 77 ③ 夕 | 78 ② 夜 | 79 ① 科 | 80 ③ 直 |
| 81 ⑥ 淸 | 82 ⑦ 孫 | 83 ③ 靑 | 84 ② 花 |
| 85 ① 電 | 86 뜻밖 | 87 (남의 의견에 대해) 한가지로 느낌 | |
| 88 ⑦ 일곱 번째 | 89 ⑪ 열한 번째 | 90 ⑧ 여덟 번째 | |

## 【제9회】 예상문제(61p~62p)

| | | | |
|---|---|---|---|
| 1 교통 | 2 운동 | 3 지구 | 4 농부 |
| 5 사례 | 6 발생 | 7 안심 | 8 가족 |
| 9 방향 | 10 기색 | 11 대화 | 12 성장 |
| 13 주의 | 14 식물 | 15 대표 | 16 효도 |
| 17 활용 | 18 유명 | 19 방학 | 20 불편 |
| 21 공장 | 22 오후 | 23 공감 | 24 개시 |
| 25 계산 | 26 독서 | 27 기자 | 28 구분 |
| 29 과목 | 30 광속 | 31 반성 | 32 신체 |
| 33 예식 | 34 그림 도 | 35 길 로 | 36 푸를 록 |
| 37 차례 번 | 38 오를 등 | 39 쉴 휴 | 40 다를 별 |
| 41 노래 가 | 42 병 병 | 43 사이 간 | 44 모양 형 |
| 45 다행 행 | 46 집 당 | 47 실과 과 | 48 모을 집 |
| 49 뿌리 근 | 50 다스릴 리 | 51 자리 석 | 52 기다릴 대 |
| 53 다닐 행 | 54 설 립 | 55 하여금 사 | 56 靑春 |
| 57 草木 | 58 空中 | 59 食前 | 60 出口 |
| 61 村民 | 62 同一 | 63 洞里 | 64 市外 |
| 65 來年 | 66 海軍 | 67 山林 | 68 敎育 |
| 69 每日 | 70 先金 | 71 萬世 | 72 百姓 |
| 73 平面 | 74 自然 | 75 白旗 | 76 ③ |
| 77 ① | 78 ② | 79 ⑥ | 80 ⑤ |
| 81 ① | 82 ③ | 83 ① | 84 ④ |
| 85 ② | 86 (마음이) 곧고 바름 | | 87 많고 적음 |
| 88 12 | 89 7 | 90 12 | |

# 한자능력검정시험

## 6급 기출문제

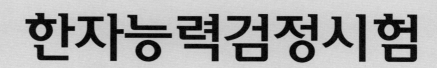

(제99회~제106회)

- 기출문제(제99회~제106회)
- 정답(95p~96p)

→ 본 기출문제는 수험생들의 기억에 의하여 재생된 문제입니다.

제99회
2022. 11. 26 시행
(社) 한국어문회 주관·한국한자능력검정회 시행

한자능력검정시험 6급 기출문제

문 항 수 : 90문항
합격문항 : 63문항
제한시간 : 50분

**01** 다음 밑줄 친 漢字語의 讀音을 쓰세요. (1~33)

| 보기 | 漢字 → 한자 |

1 장마 피해를 극복할 <u>根本</u> 대책이 필요합니다.
　　　　　　　　　　　　　　　　[　　　]

2 할머니께서 <u>藥果</u>와 곶감을 주셨습니다. [　　]

3 친구가 이 병원 702<u>號室</u>에 입원해 있습니다.
　　　　　　　　　　　　　　　　[　　　]

4 지금은 <u>不在</u>중이라 전화를 받을 수 없습니다.
　　　　　　　　　　　　　　　　[　　　]

5 남부 지방은 기압골이 <u>形成</u>되면서 점차 흐려지겠습니다.
　　　　　　　　　　　　　　　　[　　　]

6 길모퉁이를 돌아가면 <u>共用</u> 주차장이 나옵니다.
　　　　　　　　　　　　　　　　[　　　]

7 이번 사례는 빙산의 <u>一角</u>에 불과합니다.
　　　　　　　　　　　　　　　　[　　　]

8 시내버스는 정해진 <u>路線</u>을 운행합니다. [　　]

9 차체의 <u>下部</u>에서 드르륵거리는 소리가 나 수리를 맡겼습니다.　　　　　　　[　　　]

10 수출입이 늘어나면 <u>海運</u> 산업도 함께 발전합니다.
　　　　　　　　　　　　　　　　[　　　]

11 앞으로 두 경기만 <u>勝利</u>하면 결승전에 진출합니다.
　　　　　　　　　　　　　　　　[　　　]

12 우리 마을 전체 면적의 반가량은 <u>林野</u>입니다.
　　　　　　　　　　　　　　　　[　　　]

13 가을 운동회가 요즘 우리 반 아이들의 가장 큰 <u>話頭</u>입니다.　　　　　　　[　　　]

14 조선 <u>王朝</u>는 오백 년의 역사를 지닙니다.
　　　　　　　　　　　　　　　　[　　　]

15 두 사람은 꽤 오랫동안 <u>書信</u>을 주고받았습니다.
　　　　　　　　　　　　　　　　[　　　]

16 이 영화는 조연 배우들이 더 많은 <u>注目</u>을 받았습니다.　　　　　　　　[　　　]

17 이번 일은 <u>先例</u>에 따라 결정하겠습니다.
　　　　　　　　　　　　　　　　[　　　]

18 연못에 도끼를 빠뜨린 나무꾼이 <u>失意</u>에 잠겨 있었습니다.　　　　　　[　　　]

19 우리나라는 <u>石油</u>가 한 방울도 나지 않습니다.
　　　　　　　　　　　　　　　　[　　　]

20 젖은 손으로 전기 제품을 만지면 <u>感電</u>이 될 수 있습니다.　　　　　　[　　　]

21 영수가 그때 나타나지 못했던 <u>理由</u>를 자세히 말해 주었습니다.　　　　[　　　]

22 장난기가 <u>發動</u>한 영희가 내 옆구리를 쿡쿡 찔렀습니다.　　　　　　[　　　]

23 그는 자기 잘못에 대해 깊이 <u>反省</u>하였습니다.
　　　　　　　　　　　　　　　　[　　　]

24 전기차가 자동차 시장의 새로운 <u>強者</u>로 떠올랐습니다.　　　　　　[　　　]

25 장날만 되면 <u>遠近</u>에서 모여든 사람들이 이곳 장터를 찾습니다.　　　　[　　　]

26 이번 휴가는 강에서 낚시질을 하며 <u>消日</u>하였습니다.
　　　　　　　　　　　　　　　　[　　　]

27 자람새를 고려하여 <u>樹間</u> 거리를 충분히 두고 나무를 심습니다.　　　　[　　　]

28 작가가 되려면 꾸준한 독서와 <u>習作</u>이 필요합니다.
　　　　　　　　　　　　　　　　[　　　]

29 민주 정치의 기원은 <u>古代</u> 그리스에서 출발합니다.
　　　　　　　　　　　　　　　　[　　　]

30 실력이 <u>對等</u>한 두 팀의 경기 결과를 예측하기 어렵습니다.　　　　　[　　　]

31 겨울이 지나고 살랑살랑 <u>東風</u>이 불어옵니다.
[        ]

32 날씨가 좋았던 <u>今年</u>에는 대풍이 예상됩니다.
[        ]

33 물이 0℃ 이하의 <u>溫度</u>로 내려가면 얼기 시작합니다.
[        ]

⑫ 다음 漢字의 訓과 音을 쓰세요. (34~55)

| 보기 | 字 → 글자 자 |
|---|---|

34 章 [        ]    35 別 [        ]
36 禮 [        ]    37 各 [        ]
38 番 [        ]    39 集 [        ]
40 病 [        ]    41 飮 [        ]
42 弱 [        ]    43 神 [        ]
44 雪 [        ]    45 表 [        ]
46 園 [        ]    47 綠 [        ]
48 洋 [        ]    49 才 [        ]
50 向 [        ]    51 堂 [        ]
52 晝 [        ]    53 愛 [        ]
54 短 [        ]    55 郡 [        ]

⑬ 다음 漢字와 뜻이 반대(또는 상대)되는 漢字를 골라 그 번호를 쓰세요. (56~58)

56 言 : ① 英  ② 永  ③ 京  ④ 行 [        ]
57 祖 : ① 聞  ② 醫  ③ 孫  ④ 勇 [        ]
58 和 : ① 明  ② 戰  ③ 術  ④ 庭 [        ]

⑭ 다음 漢字와 뜻이 같거나 비슷한 漢字를 골라 그 번호를 쓰세요. (59~60)

59 區 : ① 待  ② 米  ③ 分  ④ 朴 [        ]
60 衣 : ① 功  ② 半  ③ 李  ④ 服 [        ]

⑤ 다음 중 소리(音)는 같으나 뜻(訓)이 다른 漢字를 골라 그 번호를 쓰세요. (61~62)

61 旗 : ① 式  ② 通  ③ 族  ④ 氣 [        ]
62 事 : ① 圖  ② 體  ③ 使  ④ 美 [        ]

⑥ 다음 성어의 (    ) 안에 알맞은 漢字를 〈보기〉에서 찾아 그 번호를 쓰세요. (63~65)

| 보기 | ① 多  ② 銀  ③ 川  ④ 黃 |
|---|---|
|  | ⑤ 太  ⑥ 光  ⑦ 開  ⑧ 死 |

63 生(   )苦樂 : 삶과 죽음, 괴로움과 즐거움을 통틀어 이르는 말.

64 千萬(   )幸 : 아주 다행함.

65 晝夜長(   ) : 밤낮으로 쉬지 아니하고 연달아.

⑦ 다음 뜻에 맞는 漢字語를 〈보기〉에서 찾아 그 번호를 쓰세요. (66~67)

| 보기 | ① 高速  ② 特急  ③ 公席 |
|---|---|
|  | ④ 合班  ⑤ 親交  ⑥ 夕陽 |

66 두 학급 이상이 합침. [        ]
67 공적인 모임의 자리. [        ]

⑧ 다음 밑줄 친 漢字語를 漢字로 쓰세요. (68~87)

| 보기 | 한자 → 漢字 |
|---|---|

68 그녀는 마치 <u>천상</u>에서 내려온 선녀처럼 아름다웠습니다.
[        ]

69 나는 의자에 <u>편안</u>히 앉아 책을 읽었습니다.
[        ]

70 농부들은 퇴비를 사용해 비옥한 <u>토지</u>를 만들려고 애씁니다.
[        ]

71 눈 덮인 산봉우리가 <u>백색</u>으로 빛났습니다.

[          ]

72 두 가지 일을 <u>동시</u>에 하면 집중도가 떨어집니다.

[          ]

73 봉학이가 쏜 화살이 정확이 과녁에 <u>명중</u>하였습니다.

[          ]

74 시청 광장은 반대편 <u>출구</u>로 나가야 합니다.

[          ]

75 신문고는 <u>백성</u>의 억울한 사정을 듣기 위해 설치된 것입니다. [          ]

76 영수는 이번 <u>산수</u> 시험에서 만점을 받았습니다.

[          ]

77 영희는 <u>자연</u>스럽게 내게로 다가왔습니다.

[          ]

78 예로부터 안성은 유기로 <u>유명</u>합니다. [          ]

79 오늘 <u>교육</u> 내용은 어린 아이들이 건널목을 안전하게 건너는 방법에 대한 것입니다. [          ]

80 우리 가족은 새 아파트로 <u>입주</u>하게 되었습니다.

[          ]

81 우리 마을은 물 맑고 <u>인심</u> 좋기로 유명합니다.

[          ]

82 우리 전통 <u>한지</u>의 수명은 수천 년이 간다고 합니다.

[          ]

83 인간의 <u>내면</u>에 잠재되어 있는 능력은 무궁무진합니다. [          ]

84 지구 온난화는 전 세계가 해결해야 할 <u>중대</u>한 문제입니다. [          ]

85 철수와 영수는 우리 팀의 <u>주력</u> 선수들입니다.

[          ]

86 할머니 댁은 강원도 외딴 <u>산촌</u>에 있습니다.

[          ]

87 할아버지는 <u>춘추</u>가 많으신 데도 매우 건강하십니다. [          ]

**09** 다음 漢字의 짙게 표시한 획은 몇 번째 쓰는 획인지 〈보기〉에서 골라 그 번호를 쓰세요. (88~90)

| 보기 | ① 첫 번째 | ② 두 번째 |
| | ③ 세 번째 | ④ 네 번째 |
| | ⑤ 다섯 번째 | ⑥ 여섯 번째 |
| | ⑦ 일곱 번째 | ⑧ 여덟 번째 |
| | ⑨ 아홉 번째 | ⑩ 열 번째 |
| | ⑪ 열한 번째 | ⑫ 열두 번째 |

88

[          ]

89

[          ]

90 登

[          ]

(社) 한국어문회 주관·한국한자능력검정회 시행

# 한자능력검정시험 6급 기출문제

문 항 수 : 90문항
합격문항 : 63문항
제한시간 : 50분

**01** 다음 밑줄 친 漢字語의 讀音을 쓰세요. (1~33)

| 보기 | 漢字 → 한자 |
|---|---|

1 요즘은 <u>本業</u>이 하나로 고정되어 있지 않습니다.
[          ]

2 인생의 진정한 <u>勝者</u>는 마지막에 웃는 사람입니다.
[          ]

3 한국 청소년들은 대부분 <u>西洋</u> 음식을 좋아합니다.
[          ]

4 마지막 문제까지 <u>集中</u>해서 풀었습니다. [          ]

5 오래간만에 초등학교 <u>同窓會</u>에 나갔습니다.
[          ]

6 <u>衣食住</u> 문제보다 중요한 일은 없습니다.
[          ]

7 나는 그녀와 <u>作別</u> 인사를 나누었습니다.
[          ]

8 <u>弱體</u>인 상대팀에 졌습니다. [          ]

9 말과 <u>行動</u>이 일치하는 사람이면 믿을 만합니다.
[          ]

10 나는 그녀의 성공을 <u>直感</u>했습니다. [          ]

11 <u>天才</u>는 1퍼센트의 땀과 99퍼센트의 노력으로 만들어집니다. [          ]

12 화재로 오래된 사찰이 <u>消失</u>되었습니다.
[          ]

13 그녀는 <u>童話</u>에 나오는 공주 같았습니다.
[          ]

14 그는 임금이 내린 <u>死藥</u>을 담대히 받아 마셨습니다.
[          ]

15 김 박사는 한국 <u>醫術</u>의 수준을 한껏 높였습니다.
[          ]

16 그는 <u>社交</u> 능력이 출중합니다. [          ]

17 비록 가난한 <u>家庭</u>에서 태어났지만 늘 행복했습니다.
[          ]

18 영화는 <u>特色</u>이 있는 배우가 나와야 성공합니다.
[          ]

19 땀은 몸속의 열을 <u>放出</u>합니다. [          ]

20 나는 오후 수업이 끝나면 밤 10시까지 <u>自習</u>을 했습니다. [          ]

21 그는 공직에 있어 <u>運身</u>의 폭이 넓지 않습니다.
[          ]

22 지난 생활을 <u>反省</u>하며 후회를 많이 하고 있습니다.
[          ]

23 난간에서 떨어지지 않도록 <u>注意</u>하시기 바랍니다.
[          ]

24 그 늑대는 <u>野生</u>에서 커서 사나운 편입니다.
[          ]

25 <u>地上</u>에 사는 동물들은 아가미가 없습니다.
[          ]

26 이곳 전통 시장은 관광지라 사람들이 <u>晝夜</u>로 붐빕니다. [          ]

27 그때의 고통은 뭐라 <u>形言</u>하기 어렵습니다.
[          ]

28 자기가 사는 곳이 <u>樂園</u>이라고 생각하면 행복해집니다. [          ]

29 그는 묻는 말에 아무 <u>對答</u>없이 미소만 짓고 있습니다. [          ]

30 <u>通信</u>의 발달로 온 세상 사람들이 이웃사촌이 돼가고 있습니다. [          ]

31 설계 <u>圖面</u>하고 실제 건물과 차이가 나면 안 됩니다.
[          ]

32 <u>發表</u>할 때는 자신감을 가져야 합니다. [          ]

33 모두에게 <u>公平</u>한 기회가 주어졌습니다. [          ]

## 02 다음 漢字의 訓과 音을 쓰세요. (34~55)

| 보기 | 字 → 글자 자 |
|---|---|

34 育 [          ]　　35 理 [          ]

36 遠 [          ]　　37 油 [          ]

38 角 [          ]　　39 服 [          ]

40 始 [          ]　　41 第 [          ]

42 現 [          ]　　43 堂 [          ]

44 待 [          ]　　45 孫 [          ]

46 秋 [          ]　　47 號 [          ]

48 然 [          ]　　49 族 [          ]

50 陽 [          ]　　51 學 [          ]

52 晝 [          ]　　53 活 [          ]

54 夏 [          ]　　55 溫 [          ]


## 03 다음 밑줄 친 漢字語를 漢字로 쓰세요. (56~75)

56 중력의 법칙에 의해 사과는 떨어집니다.
[          ]

57 나는 약속 시간보다 10분 일찍 가서 기다렸습니다.
[          ]

58 산속의 공기가 깨끗해서 건강이 빨리 회복되었습니다.
[          ]

59 그는 인명 구조 활동을 합니다. [          ]

60 상주곶감은 우리 고장의 명물입니다. [          ]

61 나를 버리고 가시면 십리도 못 가십니다.
[          ]

62 부족한 힘이지만 끝까지 돕겠습니다. [          ]

63 저의 꿈은 트로트 가수입니다. [          ]

64 해안가 바위들이 해초로 덮여 있습니다.
[          ]

65 부모님의 은혜는 바다처럼 깊습니다. [          ]

66 나는 어릴 때부터 목재 공장에서 일했습니다.
[          ]

67 전쟁터에서 백기는 항복을 의미합니다. [          ]

68 저는 시립도서관에 자주 갑니다. [          ]

69 청춘의 꿈을 가지고 서울로 왔습니다. [          ]

70 그는 귀농해서 농사를 짓기로 결정했습니다.
[          ]

71 요즘 편지 쓰는 사람이 거의 없습니다. [          ]

72 초등학교 교실이 너무 좋아졌습니다. [          ]

73 바로 이어서 교장 선생님의 훈화 말씀이 있겠습니다.
[          ]

74 마을 촌로들이 마을 가꾸기 사업에 많은 도움을 주셨습니다.
[          ]

75 그 형제는 우애가 깊습니다. [          ]


## 04 다음 漢字의 반대 또는 상대되는 글자를 골라 그 번호를 쓰세요. (76~78)

76 分 : ① 軍　② 班　③ 黃　④ 合 [          ]

77 前 : ① 強　② 後　③ 明　④ 美 [          ]

78 今 : ① 金　② 昨　③ 銀　④ 章 [          ]


## 05 다음 漢字와 뜻이 같거나 비슷한 한자를 골라 그 번호를 쓰세요. (79~80)

79 文 : ① 和　② 郡　③ 少　④ 書 [          ]

80 道 : ① 米　② 路　③ 朴　④ 樹 [          ]


## 06 다음 중 소리(음)는 같으나 뜻(訓)이 다른 한자를 골라 그 번호를 쓰세요. (81~82)

81 例 : ① 禮　② 綠　③ 番　④ 近 [          ]

82 朝 : ① 午　② 度　③ 祖　④ 英 [          ]

**07** 다음 ( ) 안에 알맞은 漢字를 〈보기〉에서 찾아 그 번호를 쓰세요. (83~85)

| 보기 | ① 東 | ② 方 | ③ 民 | ④ 幸 |
|---|---|---|---|---|
| | ⑤ 利 | ⑥ 光 | ⑦ 計 | ⑧ 病 |

83 千萬多( ) : 어떤 일이 뜻밖에 잘 풀려 몹시 좋음을 이르는 말.

84 電( )石火 : 번갯불이나 부싯돌의 불이 번쩍거리는 것과 같이 매우 짧은 시간

85 百年大( ) : 먼 뒷날까지 걸친 큰 계획.

**08** 다음 뜻에 맞는 漢字語를 〈보기〉에서 찾아 그 번호를 쓰세요. (86~87)

| 보기 | ① 頭目 | ② 子正 | ③ 球速 |
|---|---|---|---|
| | ④ 等高線 | ⑤ 植木日 | ⑥ 門外漢 |

86 밤 12시. [ ]

87 지도에서 동일한 해발 높이를 쭉 이어놓은 곡선. [ ]

**09** 다음 漢字의 짙게 표시한 획은 몇 번째 쓰는 획인지 〈보기〉에서 골라 그 번호를 쓰세요. (88~90)

| 보기 | ① 첫 번째 | ② 두 번째 |
|---|---|---|
| | ③ 세 번째 | ④ 네 번째 |
| | ⑤ 다섯 번째 | ⑥ 여섯 번째 |
| | ⑦ 일곱 번째 | ⑧ 여덟 번째 |
| | ⑨ 아홉 번째 | ⑩ 열 번째 |
| | ⑪ 열한 번째 | ⑫ 열두 번째 |
| | ⑬ 열세 번째 | ⑭ 열네 번째 |

88  [ ]

89  [ ]

90 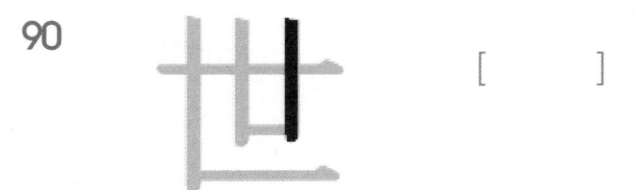 [ ]

제101회
2023. 06. 03 시행

(社) 한국어문회 주관·한국한자능력검정회 시행

한자능력검정시험 6급 기출문제

문 항 수 : 90문항
합격문항 : 63문항
제한시간 : 50분

**01** 다음 밑줄 친 漢字語의 讀音을 쓰세요. (1~33)

보기     漢字 → 한자

1 하늘이 <u>淸明</u>해 강변을 거닐었습니다. [    ]

2 서울 상공에 미확인 비행 <u>物體</u>가 나타났습니다.
[    ]

3 적은 <u>白旗</u>를 흔들며 항복했습니다. [    ]

4 그곳 <u>溫室</u> 안에는 온갖 꽃들이 울긋불긋 피어있습니다. [    ]

5 나라마다 살아가는 <u>方式</u>과 언어가 다릅니다.
[    ]

6 <u>黃太</u>는 대관령 일대의 특산품입니다. [    ]

7 시내버스의 <u>路線</u>이 새롭게 개편되었습니다.
[    ]

8 이번 행사는 <u>成功</u>적으로 마무리 되었습니다.
[    ]

9 청년의 <u>母親</u>이 아궁이에 군불을 지폈습니다.
[    ]

10 나는 이웃집 영희와 매일 함께 <u>登校</u>합니다.
[    ]

11 자동차의 전조등을 <u>上向</u>으로 조정하였습니다.
[    ]

12 0보다 큰 수를 <u>陽數</u>라고 합니다. [    ]

13 친구들 앞에서 내 계획을 <u>發表</u>하였습니다.
[    ]

14 요즘에는 인터넷 환경이 <u>急速</u>히 발전하고 있습니다.
[    ]

15 가로수는 <u>行人</u>들에게 시원한 그늘을 만들어 줍니다.
[    ]

16 약속을 어기는 사람은 <u>信用</u>할 수가 없습니다.
[    ]

17 공중급유기는 비행 중에도 전투기에 <u>注油</u>를 합니다.
[    ]

18 <u>近間</u>에는 뒷산에서도 고라니를 자주 보게 됩니다.
[    ]

19 우리가 인사하면 선생님은 늘 미소로 <u>答禮</u>를 합니다.
[    ]

20 영수는 <u>習作</u> 노트를 소중히 보관하고 있습니다.
[    ]

21 <u>洋服</u>을 잘 차려입은 신사가 가게 안으로 들어섰습니다. [    ]

22 우리 학교는 한 학년에 다섯 <u>學級</u>씩 있습니다.
[    ]

23 어머니의 고향은 강원도의 한 작은 <u>江村</u> 마을입니다.
[    ]

24 을지문덕 장군은 살수대첩에서 크게 <u>勝戰</u>했습니다.
[    ]

25 등산은 자연과 <u>交感</u>할 수 있는 좋은 운동입니다.
[    ]

26 이 책은 조선 <u>王族</u>의 일상을 기록하였습니다.
[    ]

27 할아버지 <u>春秋</u>가 올해로 아흔이십니다.
[    ]

28 총알이 표적에 정확히 <u>命中</u>하였습니다.
[    ]

29 신호탄이 울리자 병사들이 공격을 <u>開始</u>하였습니다.
[    ]

30 <u>事例</u>를 들어 설명하면 빨리 이해시킬 수 있습니다.
[    ]

31 탁 트인 동해는 <u>形言</u>할 수 없이 상쾌했습니다.
[    ]

32 음악은 영희가 제일 좋아하는 <u>科目</u>입니다.
[          ]

33 두 나라는 외교 관계를 수립하기로 <u>合意</u>했습니다.
[          ]

**02** 다음 漢字의 訓과 音을 쓰세요. (34~55)

| 보기 | 字 → 글자 자 |
|------|--------------|

34 育 [          ]    35 待 [          ]

36 本 [          ]    37 重 [          ]

38 愛 [          ]    39 根 [          ]

40 者 [          ]    41 集 [          ]

42 使 [          ]    43 銀 [          ]

44 雪 [          ]    45 永 [          ]

46 晝 [          ]    47 衣 [          ]

48 由 [          ]    49 米 [          ]

50 英 [          ]    51 遠 [          ]

52 通 [          ]    53 歌 [          ]

54 章 [          ]    55 界 [          ]

**03** 다음 漢字와 뜻이 반대(또는 상대)되는 것을 골라 그 번호를 쓰세요. (56~58)

56 晝 : ① 區  ② 頭  ③ 醫  ④ 夜 [          ]

57 多 : ① 部  ② 共  ③ 少  ④ 新 [          ]

58 昨 : ① 童  ② 現  ③ 果  ④ 今 [          ]

**04** 다음 漢字와 뜻이 같거나 비슷한 것을 골라 그 번호를 쓰세요. (59~60)

59 樹 : ① 木  ② 綠  ③ 病  ④ 園 [          ]

60 分 : ① 窓  ② 消  ③ 弱  ④ 別 [          ]

**05** 다음 漢字와 소리(音)는 같으나 뜻(訓)이 다른 것을 골라 그 번호를 쓰세요. (61~62)

61 圖 : ① 度  ② 番  ③ 野  ④ 美 [          ]

62 山 : ① 算  ② 理  ③ 聞  ④ 神 [          ]

**06** 다음 사자성어의 (   ) 안에 알맞은 漢字를 〈보기〉에서 찾아 그 번호를 쓰세요. (63~65)

| 보기 | ① 郡  ② 失  ③ 孫  ④ 藥 |
|------|------------------------|
|      | ⑤ 古  ⑥ 苦  ⑦ 計  ⑧ 朴 |

63 子(    )萬代 : 후손에서 후손으로 이어지는 오래
도록 내려오는 여러 대.

64 生死(    )樂 : 삶과 죽음, 괴로움과 즐거움.

65 百年大(    ) : 먼 앞날까지 미리 내다보고 세우는
크고 중요한 계획.

**07** 다음 뜻에 맞는 漢字語를 〈보기〉에서 찾아 그 번호를 쓰세요. (66~67)

| 보기 | ① 在京  ② 朝光  ③ 軍號 |
|------|------------------------|
|      | ④ 強風  ⑤ 特席  ⑥ 石角 |

66 세게 부는 바람. [          ]

67 서울에 있음. [          ]

**08** 다음 밑줄 친 漢字語를 漢字로 쓰세요. (68~87)

| 보기 | 한자 → 漢字 |
|------|------------|

68 강릉은 경포대가 <u>유명</u>합니다. [          ]

69 고려청자의 비법은 <u>후세</u>에까지 이어지지 못했습니다.
[          ]

70 그는 유복한 집안의 <u>삼남</u>으로 태어났습니다.
[          ]

71 내일 <u>오전</u>에는 소나기가 온다는 예보가 있습니다. [　　]

72 마당에는 온갖 <u>화초</u>가 만발하였다. [　　]

73 목수들이 매끄러운 <u>평면</u>을 만들기 위해 재목에 대패질을 합니다. [　　]

74 부모님의 <u>심기</u>를 잘 헤아려 드리는 것도 효도입니다. [　　]

75 비가 오기를 기다려 <u>농부</u>가 씨앗을 뿌립니다. [　　]

76 알록달록한 <u>색지</u> 공예품에 자꾸 눈이 갑니다. [　　]

77 옆 마을 <u>주민</u>들과 줄다리기 시합이 벌어졌습니다. [　　]

78 우리나라는 수산업에 매우 좋은 <u>입지</u> 조건을 갖추고 있습니다. [　　]

79 울창한 숲길에 들어서니 마음이 <u>편안</u>해집니다. [　　]

80 이 섬에는 다섯 <u>가구</u> 남짓의 세대가 살고 있습니다. [　　]

81 이 카메라는 거리를 <u>자동</u>으로 조정해 줍니다. [　　]

82 이 항구에는 많은 <u>외래</u> 선박들이 정박해 있습니다. [　　]

83 이곳은 외국인의 <u>출입</u>이 잦습니다. [　　]

84 지구 온난화로 <u>해수</u>의 온도가 점점 올라가고 있습니다. [　　]

85 철수는 <u>천하</u>장사처럼 힘이 좋습니다. [　　]

86 칠월 <u>칠석</u>에 견우와 직녀가 만난다는 전설이 있습니다. [　　]

87 한강변은 산책하기 좋은 <u>장소</u>입니다. [　　]

**09** 다음 漢字의 짙게 표시한 획은 몇 번째 쓰는 획인지 〈보기〉에서 골라 그 번호를 쓰세요. (88~90)

| 보기 | ① 첫 번째 | ② 두 번째 |
| | ③ 세 번째 | ④ 네 번째 |
| | ⑤ 다섯 번째 | ⑥ 여섯 번째 |
| | ⑦ 일곱 번째 | ⑧ 여덟 번째 |
| | ⑨ 아홉 번째 | ⑩ 열 번째 |
| | ⑪ 열한 번째 | |

88 勇 [　　]

89 術 [　　]

90 幸 [　　]

제102회
2023. 08. 26 시행
(社) 한국어문회 주관·한국한자능력검정회 시행
한자능력검정시험 6급 기출문제
문 항 수 : 90문항
합격문항 : 63문항
제한시간 : 50분

**01** 다음 밑줄 친 漢字語의 讀音을 쓰세요. (1~33)

> 보기    漢字 → 한자

1 아침에 일어나서 窓門을 열고 환기를 시켰습니다.
[          ]

2 영수는 特別한 재능이 있습니다. [          ]

3 共感력이 좋은 사람들과 이야기하면 마음이 편안
해집니다. [          ]

4 국민들이 各自도생해야 하는 시대가 왔습니다.
[          ]

5 인생에는 成功도 있고 실패도 있습니다.
[          ]

6 하루에 조금이라도 시간을 내 讀書를 하는 습관을
가져야 합니다. [          ]

7 사랑하는 이들에게는 항상 表現을 해주어야 합니다.
[          ]

8 오늘은 여러 가지 圖形에 대하여 배웠습니다.
[          ]

9 오늘따라 交通체증이 심해서 지각을 하고 말았습
니다. [          ]

10 우리는 地球를 보호해야할 의무가 있습니다.
[          ]

11 그렇게 해서 根本적인 문제는 해결이 안 될 것입
니다. [          ]

12 그 프로젝트를 완성하려면 어느 정도 幸運이 필요
합니다. [          ]

13 무엇이든 永遠한 것은 없습니다. [          ]

14 그 童話를 읽을 때마다 나의 어릴 적 추억이 생각
납니다. [          ]

15 일을 은퇴하면 庭園이 있는 예쁜 집에서 살고 싶
습니다. [          ]

16 철수가 晝夜로 일하더니 건강이 안 좋아졌습니다.
[          ]

17 우리 집은 지하철역에서 가까워서 便利합니다.
[          ]

18 요즘은 醫術이 발전해서 평균수명이 길어졌습니다.
[          ]

19 例外적인 상황은 항상 있기 마련입니다.
[          ]

20 충분히 反省하는 시간을 가졌으니 이제는 일상으
로 돌아가려고 합니다. [          ]

21 社會에서 쓸모 있는 사람이 되려면 나의 맡은 바
에 최선을 다해야 합니다. [          ]

22 지방에 따라 서로 다른 風習들이 있습니다.
[          ]

23 국어 科目에 뛰어난 성적을 얻었습니다.
[          ]

24 큰비에 징검다리가 消失되었습니다. [          ]

25 그는 몸을 直角으로 굽혀 손님에게 인사를 했습니다.
[          ]

26 우리는 같은 피를 나누고 같은 말을 쓰는 同族입
니다. [          ]

27 放學 동안 못 다닌 여행을 다닐까 합니다.
[          ]

28 형제간에 和合이 잘 돼서 시합에서 이길 수 있었
습니다. [          ]

29 설날에 韓服을 입고 조부모님께 인사를 드리러 갔
습니다. [          ]

30 아직 開發이 덜 된 지역에 더 투자를 해서 지역 균
형을 맞춰야 합니다. [          ]

31 昨年 이맘때쯤도 지금과 같이 날씨가 더웠습니다.
[          ]

32 우리나라는 삼면이 <u>海洋</u>으로 둘러싸여 있는 반도
국입니다. [　　　]

33 나에게는 <u>英語</u>가 가장 어려운 과목입니다.
[　　　]

**02** 다음 漢字의 訓과 音을 쓰세요. (34~55)

보기　　　　　　字 → 글자 자

34 式 [　　　]　　35 正 [　　　]

36 京 [　　　]　　37 勇 [　　　]

38 冬 [　　　]　　39 朝 [　　　]

40 線 [　　　]　　41 集 [　　　]

42 對 [　　　]　　43 畫 [　　　]

44 理 [　　　]　　45 果 [　　　]

46 登 [　　　]　　47 國 [　　　]

48 百 [　　　]　　49 前 [　　　]

50 夏 [　　　]　　51 休 [　　　]

52 色 [　　　]　　53 用 [　　　]

54 速 [　　　]　　55 來 [　　　]

**03** 다음 밑줄 친 漢字語를 漢字로 쓰세요. (56~75)

보기　　　　　　한자 → 漢字

56 어머니는 <u>시장</u>에 과일을 사러 가셨습니다.
[　　　]

57 우리 집 <u>식구</u>는 모두 일곱입니다. [　　　]

58 그는 <u>세상</u>과 인연을 끊고 산속으로 들어갔습니다.
[　　　]

59 철수는 <u>오후</u>에 놀이동산에 갔습니다. [　　　]

60 지우는 부모를 극진히 모셔 동네에 <u>효자</u>로 알려졌
습니다. [　　　]

61 개성은 인삼의 고장으로 <u>유명</u>합니다. [　　　]

62 날씨가 더워 냉방용 <u>가전</u> 제품사들이 호황을 누렸
습니다. [　　　]

63 요즘은 가수나 운동선수 중에 10대의 <u>청춘</u>스타가
많습니다. [　　　]

64 두 <u>형제</u>가 즐겁게 놀고 있습니다. [　　　]

65 봄에 심은 나무에 비료를 주는 등 <u>육림</u> 작업을 했
습니다. [　　　]

66 그는 평범한 <u>농부</u>의 셋째 아들로 태어났습니다.
[　　　]

67 할머니는 <u>매일</u> 새벽 5시에 일어나십니다.
[　　　]

68 한강에는 <u>남북</u>을 잇는 다리가 20개 가까이 될 것
입니다. [　　　]

69 인간의 신체는 <u>좌우</u>가 대칭을 이룹니다.
[　　　]

70 우리 집안의 <u>선조</u> 가운데 벼슬하신 분들이 많았습
니다. [　　　]

71 휴화산이 활동을 다시 시작하였습니다. [　　　]

72 우리는 자리를 좁혀 한 사람 더 앉을 <u>공간</u>을 만들
었습니다. [　　　]

73 할아버지께서는 고등학교의 <u>교가</u>를 아직도 기억하
고 계셨습니다. [　　　]

74 강을 끼고 돌면 <u>읍면</u> 사무소가 보입니다.
[　　　]

75 우리 모임 회원들은 지역 <u>주민</u>을 위한 봉사활동을
벌였습니다. [　　　]

**04** 다음 한자와 뜻이 반대(또는 상대)되는 한자를 골라
그 번호를 쓰세요. (76~78)

76 古 : ① 高　② 朴　③ 樂　④ 今 [　　　]

77 多 : ① 太　② 少　③ 金　④ 弱 [　　　]

78 手 : ① 數　② 小　③ 足　④ 秋 [　　　]

**05** 다음 漢字와 뜻이 같거나 비슷한 漢字를 찾아 그 번호를 쓰세요. (79~80)

79 身 : ① 體   ② 向   ③ 草   ④ 信   [      ]

80 道 : ① 度   ② 等   ③ 路   ④ 綠   [      ]

**06** 다음 ( ) 안에 들어갈 가장 알맞은 漢字를 〈보기〉에서 찾아 그 번호를 쓰세요. (81~83)

| 보기 | ① 命   ② 內   ③ 死   ④ 聞 |
|---|---|
|  | ⑤ 頭   ⑥ 答   ⑦ 四   ⑧ 記 |

81 人( )在天 : 사람의 목숨은 하늘에 달려 있다는 말.

82 東問西( ) : 묻는 말에 전혀 딴 말을 함.

83 九( )一生 : 여러 차례 죽을 고비를 넘기고 살아남.

**07** 다음 중 소리(音)는 같으나 뜻(訓)이 다른 漢字를 골라 그 번호를 쓰세요. (84~85)

84 始 : ① 親   ② 作   ③ 樹   ④ 時   [      ]

85 事 : ① 業   ② 使   ③ 銀   ④ 分   [      ]

**08** 다음 한자의 뜻을 풀이하시오. (86~87)

86 溫水                     [      ]

87 明月                     [      ]

**09** 다음 漢字에서 진하게 표시한 획은 몇 번째 쓰는지 〈보기〉에서 찾아 그 번호를 쓰세요. (88~90)

| 보기 | ① 첫 번째   ② 두 번째 |
|---|---|
|  | ③ 세 번째   ④ 네 번째 |
|  | ⑤ 다섯 번째   ⑥ 여섯 번째 |
|  | ⑦ 일곱 번째   ⑧ 여덟 번째 |
|  | ⑨ 아홉 번째   ⑩ 열 번째 |
|  | ⑪ 열한 번째   ⑫ 열두 번째 |
|  | ⑬ 열세 번째 |

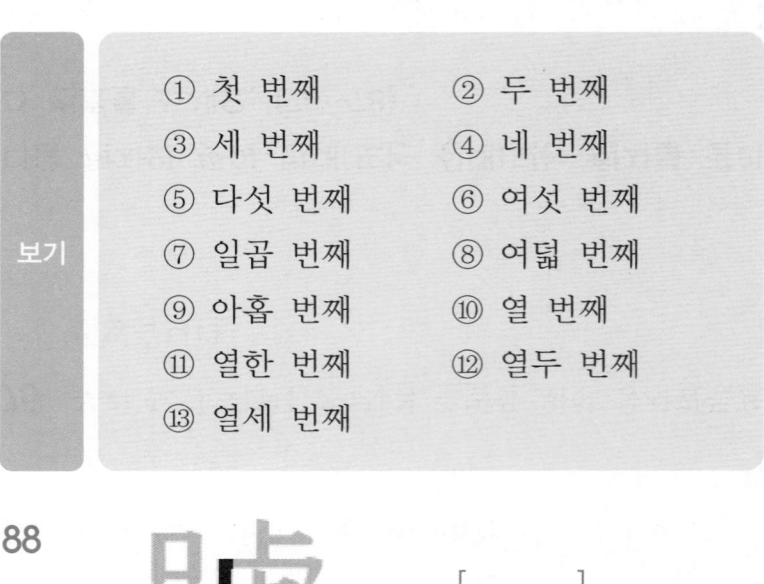

88 號   [      ]

89 勝   [      ]

90 黃   [      ]

제103회
2023. 11. 11 시행
(社) 한국어문회 주관·한국한자능력검정회 시행
한자능력검정시험 6급 기출문제
문 항 수 : 90문항
합격문항 : 63문항
제한시간 : 50분

**01** 다음 밑줄 친 漢字語의 讀音을 쓰세요. (1~33)

보기      漢字 → 한자

1 답안지를 작성할 때는 수험番號와 성명을 썼는지
꼭 확인합니다. [　　]

2 이 식당은 우리 지역에서 所聞난 맛집입니다.
[　　]

3 물속에서 걷기 운동을 하면 下體를 단련시키는 데
도움이 됩니다. [　　]

4 여러 나라 사람들이 7을 幸運의 숫자로 여깁니다.
[　　]

5 지나친 겸손은 오히려 失禮가 될 수 있습니다.
[　　]

6 우리나라는 石油를 전량 수입에 의존하고 있습니다.
[　　]

7 나는 숲 해설가의 설명을 注意 깊게 들었습니다.
[　　]

8 조선 王朝는 오백 년의 역사를 지닙니다.
[　　]

9 지역감정은 국민의 反目과 불화만 일으킬 뿐입니다.
[　　]

10 최근 들어 농촌의 생활환경이 크게 向上되었습니다.
[　　]

11 글은 솔직하게 써야 독자들에게 共感을 얻을 수
있습니다. [　　]

12 이 휴대폰은 무선으로 충전할 수 있어 便利합니다.
[　　]

13 인문사회계열의 학문 발전을 위해 새로운 학회가
發足하였습니다. [　　]

14 젖은 손으로 電線 플러그를 만지면 위험합니다.
[　　]

15 최근 우리나라에 集中 호우가 자주 발생하고 있습
니다. [　　]

16 특공대는 한밤중에 어둠을 틈타 작전을 開始했습
니다. [　　]

17 예부터 黃海에는 중국과의 교류에 중요한 항로가
있었습니다. [　　]

18 노인은 한가로이 낚시로 消日하며 여생을 보냈습
니다. [　　]

19 두 나라는 국경 부근에서 치열한 交戰을 벌이고
있습니다. [　　]

20 마을 뒷산은 樹木이 울창하여 야생 동물들이 많이
삽니다. [　　]

21 여행객들은 行路를 바꿔 남쪽으로 떠났습니다.
[　　]

22 지구가 태양의 주위를 돈다는 사실은 萬古의 진리
입니다. [　　]

23 이 글은 기행문 形式을 사용해 내용을 파악하기가
쉽습니다. [　　]

24 마패를 든 암행어사가 관아에 出頭했습니다.
[　　]

25 선생님께서 내게 베풀어 주신 은혜를 永遠히 잊지
못할 것입니다. [　　]

26 식물의 잎은 광합성 作用으로 녹말을 만듭니다.
[　　]

27 옛날에는 신분에 따라 차려입은 服色이 달랐습니다.
[　　]

28 시장이 직접 도로 보수 작업이 진행되고 있는 現
場을 살펴보았습니다. [　　]

29 버스가 고속도로에 접어들자 速度를 내기 시작합
니다. [　　]

30 올림픽은 전 세계 사람들이 和合할 수 있는 축제
의 마당입니다. [　　]

**31** 우리나라의 <u>通信</u> 기술 분야는 눈부시게 발전하였습니다. [     ]

**32** 두 나라는 이번 일을 해결하기 위해 <u>特使</u>를 교환하였습니다. [     ]

**33** 이번 선거에서는 야당이 <u>多數</u> 의석을 차지하였습니다. [     ]

**02** 다음 漢字의 訓과 音을 쓰세요. (34~55)

| 보기 | 字 → 글자 자 |
|------|------|

**34** 在 [     ]    **35** 園 [     ]

**36** 功 [     ]    **37** 理 [     ]

**38** 者 [     ]    **39** 神 [     ]

**40** 英 [     ]    **41** 昨 [     ]

**42** 由 [     ]    **43** 習 [     ]

**44** 本 [     ]    **45** 衣 [     ]

**46** 美 [     ]    **47** 米 [     ]

**48** 雪 [     ]    **49** 銀 [     ]

**50** 族 [     ]    **51** 席 [     ]

**52** 飮 [     ]    **53** 言 [     ]

**54** 太 [     ]    **55** 陽 [     ]

**03** 다음 漢字와 뜻이 반대(또는 상대)되는 것을 골라 그 번호를 쓰세요. (56~58)

**56** 強 : ① 洋  ② 京  ③ 弱  ④ 勝 [     ]

**57** 苦 : ① 對  ② 計  ③ 各  ④ 樂 [     ]

**58** 敎 : ① 省  ② 學  ③ 界  ④ 庭 [     ]

**04** 다음 漢字와 뜻이 같거나 비슷한 것을 골라 그 번호를 쓰세요. (59~60)

**59** 區 : ① 溫  ② 分  ③ 病  ④ 圖 [     ]

**60** 郡 : ① 邑  ② 班  ③ 愛  ④ 表 [     ]

**05** 다음 漢字와 소리(音)는 같으나 뜻(訓)이 다른 것을 골라 그 번호를 쓰세요. (61~62)

**61** 즁 : ① 等  ② 半  ③ 親  ④ 章 [     ]

**62** 花 : ① 勇  ② 話  ③ 角  ④ 窓 [     ]

**06** 다음 사자성어의 (     ) 안에 알맞은 漢字를 〈보기〉에서 찾아 그 번호를 쓰세요. (63~65)

| 보기 | ① 地  ② 死  ③ 身  ④ 孫 |
|------|------|
|      | ⑤ 短  ⑥ 明  ⑦ 例  ⑧ 待 |

**63** 九(     )一生 : 아홉 번 죽을 뻔하다 한 번 살아남.

**64** 淸風(     )月 : 맑은 바람과 밝은 달.

**65** 別有天(     ) : 이 세상과 따로 존재하는 세계.

**07** 다음 뜻에 맞는 漢字語를 〈보기〉에서 찾아 그 번호를 쓰세요. (66~67)

| 보기 | ① 根部  ② 新綠  ③ 醫書 |
|------|------|
|      | ④ 晝夜  ⑤ 近寸  ⑥ 野草 |

**66** 들에 저절로 나는 풀. [     ]

**67** 식물의 뿌리 부분. [     ]

**08** 다음 밑줄 친 漢字語를 漢字로 쓰세요. (68~87)

| 보기 | 한자 → 漢字 |
|------|------|

**68** 건물의 각 층마다 직원들의 휴식 <u>공간</u>이 마련되어 있습니다. [     ]

**69** 그는 한라산에 자생하는 <u>식물</u>에 대해 연구하고 있습니다. [     ]

**70** 그는 <u>활력</u>을 되찾기 위해 여행을 다녀왔습니다. [     ]

**71** 나는 다섯 살 때까지 <u>조모</u>의 손에서 컸습니다. [     ]

**72** 삼촌은 대학을 졸업한 <u>직후</u> 군대에 입대하였습니다. [     ]

73 선생은 자신의 지식을 <u>제자</u>들에게 전수했습니다.
[          ]

74 시장은 <u>추석</u>을 준비하는 사람들로 붐볐습니다.
[          ]

75 신청서에는 연락처를 <u>기입</u>하는 칸이 있었습니다.
[          ]

76 안개가 너무 짙어서 몇 미터 <u>전방</u>도 알아볼 수 없습니다.
[          ]

77 여행에 필요한 물품을 사려고 그녀는 <u>시내</u>로 나가 쇼핑을 했습니다.
[          ]

78 옛날 사람들은 지구가 <u>평면</u>이라고 알고 있었습니다.
[          ]

79 오랜만에 가족이 오붓하게 <u>외식</u>을 했습니다.
[          ]

80 올해는 날씨가 좋아 <u>농사</u>가 대풍입니다.
[          ]

81 요즘 축구가 학생들에게 <u>인기</u>를 끌고 있습니다.
[          ]

82 우리나라 <u>자연</u>은 춘하추동 그 색을 달리합니다.
[          ]

83 이 신라의 석탑은 <u>천년</u>의 세월을 묵묵히 버텨왔습니다.
[          ]

84 정치인이라면 <u>민심</u>의 향방을 읽을 줄 알아야 합니다.
[          ]

85 지난 밤 추위로 <u>수도</u>가 얼었습니다. [          ]

86 촛불이 바람에 끄덕끄덕 <u>불안</u>하게 흔들립니다.
[          ]

87 할머니는 아직도 <u>수동</u> 재봉틀을 사용하십니다.
[          ]

**09** 다음 漢字에서 진하게 표시한 획은 몇 번째 쓰는지 〈보기〉에서 찾아 그 번호를 쓰세요. (88~90)

| 보기 | ① 첫 번째 | ② 두 번째 |
|---|---|---|
| | ③ 세 번째 | ④ 네 번째 |
| | ⑤ 다섯 번째 | ⑥ 여섯 번째 |
| | ⑦ 일곱 번째 | ⑧ 여덟 번째 |
| | ⑨ 아홉 번째 | |

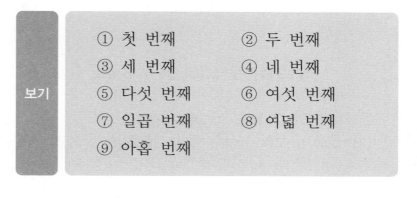

88 [          ]

89 [          ]

90 [          ]

제104회
2024. 02. 24 시행
(社) 한국어문회 주관·한국한자능력검정회 시행
한자능력검정시험 6급 기출문제
문 항 수 : 90문항
합격문항 : 63문항
제한시간 : 50분

**01 다음 밑줄 친 漢字語의 讀音을 쓰세요. (1~33)**

보기     漢字 → 한자

1 산간 지역에 大雪이 내려 버스가 다닐 수 없습니다.

2 중계석에 나가 있는 記者를 불러 보도록 하겠습니다.
[     ]

3 그 선수는 어렸을 때부터 남다른 頭角을 보였습니다.
[     ]

4 우리는 夕陽이 지는 바닷가를 나란히 걸었습니다.

5 요즘은 銀行에 가지 않고도 세금 납부가 가능합니다.
[     ]

6 인간은 根本적으로 혼자서 살 수 없습니다.
[     ]

7 우리 民族은 예로부터 흰옷을 즐겨 입었습니다.
[     ]

8 그것은 고대로부터 전해 내려오는 風習입니다.
[     ]

9 어머니는 信用 카드로 병원비를 결제하였습니다.
[     ]

10 삼촌은 월남전에서 큰 戰功을 세웠습니다.
[     ]

11 昨年에 비하여 올해 벼를 더 많이 생산했습니다.
[     ]

12 그 집 아들은 벌써 구구법을 외울 정도로 英特합
니다. [     ]

13 나는 그의 요청을 거절할 道理가 없었습니다.
[     ]

14 먼저 원을 그린 다음 가운데에 直線을 그었습니다.
[     ]

15 꽃다발을 들고 친구의 病室로 문병을 갔습니다.
[     ]

16 그는 과거의 잘못을 뼈아프게 反省하고 있습니다.
[     ]

17 현미는 白米보다 더 좋은 건강식품입니다.
[     ]

18 우리 집 庭園에는 감나무가 두 그루 있습니다.
[     ]

19 은사께서 향년 83세를 일기로 別世하셨습니다.
[     ]

20 나는 美術에는 소질이 없습니다. [     ]

21 이번 주말에는 在京 동문회의 모임이 있습니다.
[     ]

22 선생님은 학교에서 무슨 科目을 가르치십니까?
[     ]

23 자리가 없어서 우리는 자연스럽게 合席하게 되었
습니다. [     ]

24 선생은 우리에게 탈춤의 由來를 얘기해 주었습니다.
[     ]

25 영희네 집은 우리 집에 비해 飮食이 훨씬 싱겁습
니다. [     ]

26 단군 神話에는 곰이 사람으로 된 이야기가 나옵니다.
[     ]

27 그의 무례한 言動에 사람들이 몹시 놀랐습니다.
[     ]

28 오늘은 우리 반 학생 太半이 지각을 했습니다.
[     ]

29 그는 苦學으로 대학까지 졸업했습니다.
[     ]

30 오늘은 대학 합격자 發表가 있는 날입니다.
[     ]

31 정체 구간이 풀리자 주행 速度가 빨라졌습니다.
[     ]

32 그곳은 경치가 아름답고 기후가 <u>溫和</u>합니다.
[          ]

33 트럭 한 대가 주차장 <u>通路</u>를 막고 서 있습니다.
[          ]

**02** 다음 漢字의 訓과 音을 쓰세요. (34~55)

| 보기 | 字 → 글자 자 |
|------|-------------|

34 樹 [          ]   35 集 [          ]
36 例 [          ]   37 向 [          ]
38 朝 [          ]   39 石 [          ]
40 親 [          ]   41 開 [          ]
42 章 [          ]   43 聞 [          ]
44 孫 [          ]   45 現 [          ]
46 感 [          ]   47 醫 [          ]
48 愛 [          ]   49 洋 [          ]
50 黃 [          ]   51 交 [          ]
52 待 [          ]   53 永 [          ]
54 野 [          ]   55 多 [          ]

**03** 다음 漢字와 뜻이 반대(또는 상대)되는 것을 골라 그 번호를 쓰세요. (56~58)

56 死 : ① 果   ② 利   ③ 冬   ④ 活   [          ]
57 天 : ① 號   ② 住   ③ 地   ④ 車   [          ]
58 遠 : ① 重   ② 近   ③ 林   ④ 童   [          ]

**04** 다음 漢字와 뜻이 같거나 비슷한 것을 골라 그 번호를 쓰세요. (59~60)

59 計 : ① 番   ② 等   ③ 草   ④ 算   [          ]
60 衣 : ① 書   ② 堂   ③ 服   ④ 里   [          ]

**05** 다음 漢字와 소리(音)는 같으나 뜻(訓)이 다른 것을 골라 그 번호를 쓰세요. (61~62)

61 有 : ① 身   ② 育   ③ 油   ④ 業   [          ]
62 兄 : ① 形   ② 幸   ③ 弱   ④ 窓   [          ]

**06** 다음 사자성어의 (   ) 안에 알맞은 漢字를 〈보기〉에서 찾아 그 번호를 쓰세요. (63~65)

| 보기 | ① 光   ② 使   ③ 夜   ④ 始<br>⑤ 作   ⑥ 勝   ⑦ 運   ⑧ 自 |
|------|-------------|

63 各(     )圖生 : 제각기 살아 나갈 방법을 꾀함.

64 畫(     )長川 : 밤낮으로 쉬지 아니하고 연달아.

65 (     )心三日 : 단단히 먹은 마음이 사흘을 가지 못함.

**07** 다음 뜻에 맞는 漢字語를 〈보기〉에서 찾아 그 번호를 쓰세요. (66~67)

| 보기 | ① 區分   ② 新綠   ③ 電球<br>④ 失禮   ⑤ 對答   ⑥ 音樂 |
|------|-------------|

66 늦봄이나 초여름에 새로 나온 잎의 푸른빛.
[          ]

67 말이나 행동이 예의에 벗어남.   [          ]

**08** 다음 밑줄 친 漢字語를 漢字로 쓰세요. (68~87)

| 보기 | 한자 → 漢字 |
|------|-------------|

68 우리 모임은 다수의 의견만큼 <u>소수</u>의 의견도 존중합니다.
[          ]

69 우리는 매주 토요일에 <u>등산</u>을 합니다. [          ]

70 요즘 가수 중에는 10대의 <u>청춘</u>스타가 많습니다.
[          ]

71 그는 여러 <u>방면</u>에 모르는 게 없을 정도로 똑똑합니다. [　　　]

72 그녀는 훌륭한 <u>가문</u>에서 태어나 좋은 교육을 받고 자랐습니다. [　　　]

73 내가 서울을 떠난 시간은 어제 <u>정오</u> 무렵이었습니다. [　　　]

74 단둘이 이야기하고 싶은데 <u>시간</u> 있어요? [　　　]

75 그녀가 쏜 화살이 과녁에 정확하게 <u>명중</u>했습니다. [　　　]

76 가을이 시작되는 <u>입추</u>가 지났는데도 햇볕이 뜨겁습니다. [　　　]

77 창을 열고 싱그러운 아침 <u>공기</u>를 들이마셨습니다. [　　　]

78 이곳은 마을 어르신들의 놀이 <u>장소</u>입니다. [　　　]

79 그녀는 젊은 시절의 <u>불효</u>를 크게 뉘우쳤습니다. [　　　]

80 어머니는 <u>매월</u> 10만 원씩 용돈을 주십니다. [　　　]

81 우리 학교 <u>교가</u>는 교장 선생님께서 만드셨습니다. [　　　]

82 그는 평범한 <u>농부</u>의 셋째 아들로 태어났습니다. [　　　]

83 이 땅에는 <u>선조</u>들이 남긴 귀중한 유산들이 많습니다. [　　　]

84 심사숙고한 <u>연후</u>에 질문에 답하도록 하세요. [　　　]

85 여기는 미성년자의 <u>출입</u>이 금지된 구역입니다. [　　　]

86 저는 <u>해군</u>이 되어 제 고향 바다를 지키고 싶습니다. [　　　]

87 그는 키가 커서 행사 때마다 <u>기수</u>로 선발되었습니다. [　　　]

**09** 다음 漢字에서 진하게 표시한 획은 몇 번째 쓰는지 〈보기〉에서 찾아 그 번호를 쓰세요. (88~90)

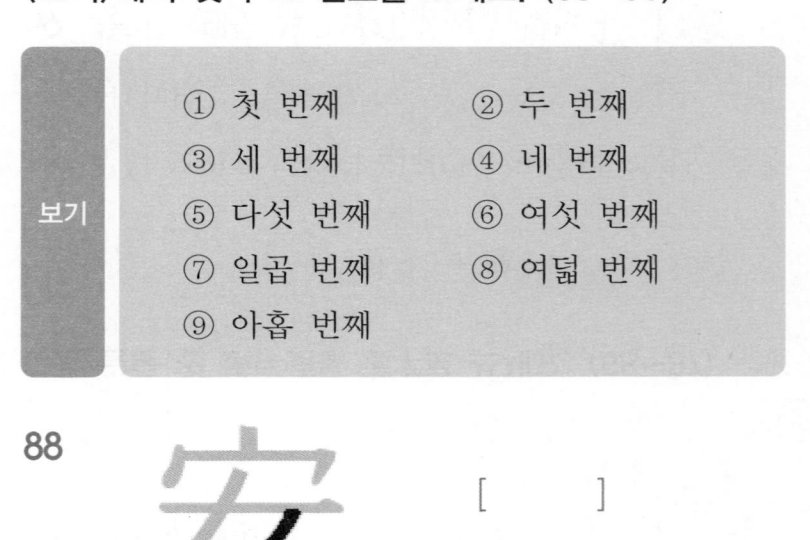

| 보기 | ① 첫 번째 | ② 두 번째 |
| --- | --- | --- |
| | ③ 세 번째 | ④ 네 번째 |
| | ⑤ 다섯 번째 | ⑥ 여섯 번째 |
| | ⑦ 일곱 번째 | ⑧ 여덟 번째 |
| | ⑨ 아홉 번째 | |

88 安 [　　　]

89 東 [　　　]

90 便 [　　　]

제105회
2024. 05. 25 시행
(社) 한국어문회 주관·한국한자능력검정회 시행
한자능력검정시험 6급 기출문제
문 항 수 : 90문항
합격문항 : 63문항
제한시간 : 50분

**01** 다음 밑줄 친 漢字語의 讀音을 쓰세요. (1~33)

보기          漢字 → 한자

1  우리는 제주도 여행에 필요한 경비를 <u>算定</u>해 보았습니다. [    ]

2  오래된 <u>古物</u> 자전거를 수리했더니 새것처럼 잘 나갑니다. [    ]

3  눈을 떴을 때는 벌써 <u>東窓</u>이 희뿌옇게 밝아 오고 있었습니다. [    ]

4  그는 다음 주까지 책을 돌려주겠다고 <u>口頭</u>로 약속을 했습니다. [    ]

5  나는 일에 대한 그녀의 열정에 <u>感服</u>하였습니다. [    ]

6  올해는 연중 내내 날씨가 좋아 오곡과 <u>百果</u>가 대풍입니다. [    ]

7  나는 그녀에게 이번 주말 함께 영화를 볼 <u>意向</u>이 있는지 물었습니다. [    ]

8  해마다 수입 농산물이 늘어나고 있는 것으로 <u>集計</u>되었습니다. [    ]

9  이 도로는 밤 시간에 주차 공간으로 <u>活用</u>됩니다. [    ]

10 국회의원 선거를 앞두고 공정 감시단이 <u>發足</u>되었습니다. [    ]

11 선생님은 두꺼비와 개구리를 <u>區別</u>하는 법을 알려 주셨습니다. [    ]

12 철수는 학교만 끝나면 집으로 <u>直行</u>하곤 합니다. [    ]

13 환경 보전에 힘쓰는 것은 우리 <u>後孫</u>을 위한 일입니다. [    ]

14 나는 꿈이 없는 젊은이는 <u>不幸</u>하다고 생각합니다. [    ]

15 박 선수는 <u>角度</u> 큰 변화구를 잘 구사합니다. [    ]

16 아주 추운 지방에서는 <u>水銀</u>으로 된 온도계를 사용할 수 없습니다. [    ]

17 그는 날씨와 상관없이 장날이면 <u>例外</u>없이 장터로 나갔습니다. [    ]

18 할머니께서는 무릎에 인공 관절 <u>手術</u>을 받으셨습니다. [    ]

19 그 조각가는 음료수 캔을 재활용한 <u>特色</u>있는 조각 작품을 만들었습니다. [    ]

20 그는 어떠한 억압에도 굴하지 않는 <u>勇氣</u>있는 실천가였습니다. [    ]

21 우리 모둠은 지구의 온도 변화를 <u>圖表</u>로 그렸습니다. [    ]

22 조난당한 사람들이 손전등을 깜빡거리며 구조 <u>信號</u>를 보냈습니다. [    ]

23 선생님과 학생들의 대담은 일문일답의 <u>形式</u>으로 진행되었습니다. [    ]

24 감초는 <u>韓藥</u>에 빠지지 않고 들어가는 약초입니다. [    ]

25 오늘 점심에는 새로 <u>開業</u>한 식당에 가 보기로 했습니다. [    ]

26 각 과의 첫머리에는 <u>學習</u>을 돕기 위한 만화가 실려 있습니다. [    ]

27 선생님께서 탈춤의 <u>由來</u>를 이야기해 주셨습니다. [    ]

28 실력이 <u>對等</u>한 팀의 경기일수록 보는 재미가 있습니다. [    ]

29 들판에는 살을 에는 듯한 <u>北風</u>이 거세게 몰아쳤습니다. [    ]

30 그는 벼슬을 포기하고 한평생 <u>在野</u>의 선비로 살았습니다. [    ]

**31** 경기가 <u>速戰</u>으로 끝나 버리자 관중들이 다소 아쉬워했습니다. [　　]

**32** 그는 다양한 종류의 음악들을 <u>交代</u>로 들려주었습니다. [　　]

**33** 그분의 은혜를 나는 <u>永遠</u>히 잊지 못할 것입니다. [　　]

**02** 다음 漢字의 訓과 音을 쓰세요. (34~55)

| 보기 | 字 → 글자 자 |
| --- | --- |

**34** 洋 [　　] **35** 溫 [　　]

**36** 米 [　　] **37** 族 [　　]

**38** 美 [　　] **39** 京 [　　]

**40** 太 [　　] **41** 強 [　　]

**42** 多 [　　] **43** 根 [　　]

**44** 油 [　　] **45** 路 [　　]

**46** 病 [　　] **47** 席 [　　]

**48** 言 [　　] **49** 夜 [　　]

**50** 黃 [　　] **51** 陽 [　　]

**52** 綠 [　　] **53** 園 [　　]

**54** 章 [　　] **55** 待 [　　]

**03** 다음 漢字와 뜻이 반대(또는 상대)되는 것을 골라 그 번호를 쓰세요. (56~58)

**56** 分 : ① 李 ② 英 ③ 合 ④ 書 [　　]

**57** 苦 : ① 題 ② 樂 ③ 庭 ④ 放 [　　]

**58** 昨 : ① 體 ② 飮 ③ 神 ④ 今 [　　]

**04** 다음 漢字와 뜻이 같거나 비슷한 것을 골라 그 번호를 쓰세요. (59~60)

**59** 樹 : ① 林 ② 愛 ③ 近 ④ 衣 [　　]

**60** 郡 : ① 童 ② 邑 ③ 才 ④ 成 [　　]

**05** 다음 漢字와 소리(音)는 같으나 뜻(訓)이 다른 것을 골라 그 번호를 쓰세요. (61~62)

**61** 始 : ① 時 ② 畫 ③ 醫 ④ 番 [　　]

**62** 話 : ① 明 ② 急 ③ 現 ④ 畫 [　　]

**06** 다음 사자성어의 (　　) 안에 알맞은 漢字를 〈보기〉에서 찾아 그 번호를 쓰세요. (63~65)

| 보기 | ① 級 | ② 社 | ③ 科 | ④ 死 |
| --- | --- | --- | --- | --- |
| | ⑤ 目 | ⑥ 火 | ⑦ 朴 | ⑧ 有 |

**63** 九(　　)一生 : 아홉 번 죽을 뻔하다 한 번 살아남.

**64** 父子(　　)親 : 아버지와 아들 사이에는 두터운 정이 있어야 함.

**65** 電光石(　　) : 번갯불과 부싯돌의 불.

**07** 다음 뜻에 맞는 漢字語를 〈보기〉에서 찾아 그 번호를 쓰세요. (66~67)

| 보기 | ① 名勝 | ② 本線 | ③ 先通 |
| --- | --- | --- | --- |
| | ④ 消失 | ⑤ 使者 | ⑥ 朝夕 |

**66** 사라져 없어짐. [　　]

**67** 미리 알림. [　　]

**08** 다음 밑줄 친 漢字語를 漢字로 쓰세요. (68~87)

| 보기 | 한자 → 漢字 |
| --- | --- |

**68** 각 학교 대표들은 <u>교기</u>를 들고 대회장에 입장하였습니다. [　　]

**69** 출전한 경주마들이 <u>전력</u> 질주를 합니다. [　　]

**70** 그녀가 쏜 화살이 과녁에 정확하게 <u>명중</u>했습니다. [　　]

71 길 건너 <u>정면</u>으로 보이는 건물이 바로 시청입니다.
[       ]

72 나는 <u>천지</u>를 진동하는 천둥소리에 놀라 잠에서 깼습니다.
[       ]

73 문화 유적에는 우리 <u>조상</u>들의 정신과 지혜가 담겨 있습니다.
[       ]

74 붙박이장은 <u>공간</u>이 좁은 주택에 안성맞춤입니다.
[       ]

75 약속한 시각에 늦지 않도록 모임 <u>장소</u>에 나갔습니다.
[       ]

76 영희는 <u>화초</u>를 가꿔서 친구들에게 나눠주곤 합니다.
[       ]

77 올해 단풍은 <u>평년</u>보다 3일쯤 빨리 찾아올 것으로 보입니다.
[       ]

78 우리 모임은 다수의 의견만큼 <u>소수</u>의 의견도 존중합니다.
[       ]

79 아버지와 나는 휴일마다 함께 <u>등산</u>을 합니다.
[       ]

80 우리나라의 국군은 육군, 공군, <u>해군</u>으로 구성되어 있습니다.
[       ]

81 우리는 이 사건에 대하여 어떠한 <u>사전</u> 정보도 입수하지 못했습니다.
[       ]

82 이 상가에 <u>입주</u>해 있는 점포는 수십 개에 달합니다.
[       ]

83 이번 모임에 영희도 온다는 소식을 듣고 <u>내심</u> 기뻤습니다.
[       ]

84 재채기나 트림은 인간의 <u>자연</u>스러운 생리 현상입니다.
[       ]

85 정자나무 아래에서 두 <u>노인</u>이 장기를 두고 계셨습니다.
[       ]

86 지금 <u>농촌</u>에서는 모종 옮겨심기가 한창입니다.
[       ]

87 화재 신고를 받은 소방대원들이 신속히 현장으로 <u>출동</u>했습니다.
[       ]

**09** 다음 漢字에서 진하게 표시한 획은 몇 번째 쓰는지 〈보기〉에서 찾아 그 번호를 쓰세요. (88~90)

| 보기 | ① 첫 번째 | ② 두 번째 |
|---|---|---|
| | ③ 세 번째 | ④ 네 번째 |
| | ⑤ 다섯 번째 | ⑥ 여섯 번째 |
| | ⑦ 일곱 번째 | ⑧ 여덟 번째 |
| | ⑨ 아홉 번째 | ⑩ 열 번째 |

88 弱
[       ]

89 秋
[       ]

90 男
[       ]

**제106회** 2024. 08. 24 시행

(社) 한국어문회 주관·한국한자능력검정회 시행

# 한자능력검정시험 6급 기출문제

문 항 수 : 90문항
합격문항 : 63문항
제한시간 : 50분

**01** 다음 밑줄 친 漢字語의 讀音을 쓰세요. (1~33)

> 보기
>
> 漢字 → 한자

1 그 선수는 어렸을 때부터 남다른 <u>頭角</u>을 보였습니다.
[    ]

2 축구 경기에서 우리 팀이 상대편에 5 대 0으로 <u>樂勝</u>했습니다.
[    ]

3 <u>各級</u> 학교는 긴 방학을 마치고 일제히 개학하였습니다.
[    ]

4 물이 묻은 손으로 전기 기구를 만지면 <u>感電</u>의 위험이 있습니다.
[    ]

5 우리 학교 도서관은 24시간 <u>開放</u>합니다.
[    ]

6 아버지는 어머니와의 <u>死別</u> 후 슬픔으로 괴로워하셨습니다.
[    ]

7 따스한 봄이 되자 <u>庭園</u>의 꽃나무에 새순이 돋았습니다.
[    ]

8 둥덩거리는 <u>風物</u>놀이 소리에 어깨춤이 절로 납니다.
[    ]

9 결재를 할 때 <u>圖章</u> 대신 서명을 사용해도 됩니다.
[    ]

10 골짜기는 온통 <u>草綠</u>색으로 덮여 있었습니다.
[    ]

11 그의 구두에는 <u>黃土</u>가 잔뜩 묻어 있었습니다.
[    ]

12 선생님께서 운동장으로 전원 <u>集合</u>을 하라고 하셨습니다.
[    ]

13 그는 나에게 가볍게 <u>目禮</u>하며 지나갔습니다.
[    ]

14 이 국어사전은 무엇보다 <u>用例</u>가 풍부하여 좋습니다.
[    ]

15 우리들은 이번 행사에서 기대 이상의 <u>成果</u>를 올렸습니다.
[    ]

16 이 보일러는 일정한 <u>溫度</u>가 되면 자동으로 꺼집니다.
[    ]

17 컴퓨터의 <u>世界</u>는 무한한 가능성으로 가득 차 있습니다.
[    ]

18 그녀는 눈이 쑥 들어가 <u>病者</u>처럼 보였습니다.
[    ]

19 그녀는 <u>失神</u>한 뒤 병원 응급실로 실려 갔습니다.
[    ]

20 우리 팀이 <u>苦戰</u>한 이유는 현지 적응 실패 때문입니다.
[    ]

21 <u>太陽</u>이 수평선 위로 쑥 솟아 올라옵니다.
[    ]

22 트럭 한 대가 주차장 <u>通路</u>를 막고 서 있습니다.
[    ]

23 우리 팀에게는 리그 방식보다 토너먼트 방식이 <u>有利</u>합니다.
[    ]

24 <u>新聞</u>에 우리 회사의 신제품 광고를 큼직하게 냈습니다.
[    ]

25 나는 수첩을 뒤져 그의 전화 <u>番號</u>와 주소를 찾았습니다.
[    ]

26 컴퓨터 덕택으로 한글 <u>書體</u>가 다양하게 개발되었습니다.
[    ]

27 원유 가격 급등에 따른 <u>石油</u> 파동이 예상됩니다.
[    ]

28 평행한 두 <u>直線</u>은 결코 만날 수 없다. [    ]

29 그 집 딸은 둘도 없는 <u>孝女</u>라고 평판이 나 있습니다.
[    ]

30 그 집 아들은 벌써 구구법을 외울 정도로 <u>英特</u>했습니다.
[    ]

31 그는 내 키가 작다는 理由만으로 나를 업신여깁니다.
[      ]

32 우리는 각자 사과주스와 레몬수를 注文했습니다.
[      ]

33 어두워지자 아파트 窓門마다 하나둘 불이 켜졌습니다.
[      ]

**02** 다음 漢字의 訓과 音을 쓰세요. (34~55)

| 보기 | 字 → 글자 자 |
| --- | --- |

34 班 [      ]      35 席 [      ]
36 淸 [      ]      37 短 [      ]
38 形 [      ]      39 愛 [      ]
40 交 [      ]      41 術 [      ]
42 計 [      ]      43 向 [      ]
44 科 [      ]      45 表 [      ]
46 始 [      ]      47 待 [      ]
48 運 [      ]      49 第 [      ]
50 洋 [      ]      51 郡 [      ]
52 習 [      ]      53 根 [      ]
54 雪 [      ]      55 本 [      ]

**03** 다음 漢字와 뜻이 반대(또는 상대)되는 것을 골라 그 번호를 쓰세요. (56~58)

56 近 : ① 區　② 遠　③ 左　④ 前 [      ]
57 孫 : ① 米　② 球　③ 重　④ 祖 [      ]
58 畫 : ① 夜　② 弱　③ 軍　④ 弟 [      ]

**04** 다음 漢字와 뜻이 같거나 비슷한 것을 골라 그 번호를 쓰세요. (59~60)

59 服 : ① 昨　② 地　③ 消　④ 衣 [      ]
60 急 : ① 速　② 等　③ 邑　④ 反 [      ]

**05** 다음 漢字와 소리(音)는 같으나 뜻(訓)이 다른 것을 골라 그 번호를 쓰세요. (61~62)

61 高 : ① 式　② 古　③ 親　④ 外 [      ]
62 族 : ① 業　② 部　③ 朝　④ 足 [      ]

**06** 다음 사자성어의 (      ) 안에 알맞은 漢字를 〈보기〉에서 찾아 그 번호를 쓰세요. (63~65)

| 보기 | ① 夏　② 命　③ 信　④ 作<br>⑤ 發　⑥ 對　⑦ 幸　⑧ 省 |
| --- | --- |

63 (      )心三日 : 단단히 먹은 마음이 사흘을 가지 못한다는 뜻으로, 결심이 굳지 못함을 이르는 말.

64 千萬多(      ) : 아주 다행함.

65 人(      )在天 : 사람의 목숨은 하늘에 달려 있다는 뜻.

**07** 다음 뜻에 맞는 漢字語를 〈보기〉에서 찾아 그 번호를 쓰세요. (66~67)

| 보기 | ① 食數　② 同和　③ 童話<br>④ 植樹　⑤ 食水　⑥ 童畫 |
| --- | --- |

66 아동이 그린 그림. [      ]
67 나무를 심음. [      ]

**08** 다음 밑줄 친 漢字語를 漢字로 쓰세요. (68~87)

| 보기 | 한자 → 漢字 |
| --- | --- |

68 그는 매사에 너무 성급하게 행동하는 경향이 있습니다.
[      ]

69 이 공책은 폐휴지를 모아 만든 재활용품입니다.
[      ]

70 그녀의 노래 실력은 가수가 되기엔 아직 멀었습니다.
[      ]

71 그곳은 하도 외져서 드나드는 <u>차편</u>도 드뭅니다.
[       ]

72 나는 <u>추석</u> 연휴 때 극장에 가서 영화를 보았습니다.
[       ]

73 평균 수명이 늘어 <u>노년</u>층의 인구가 증가하였습니다.
[       ]

74 학생들은 모두 2번이 <u>정답</u>이라고 생각했습니다.
[       ]

75 국경일이어서 건물마다 <u>국기</u>가 게양되어 있습니다.
[       ]

76 그는 <u>역도</u>의 인상 종목에서 세계 신기록을 세웠습니다.
[       ]

77 제주도는 천혜의 절경을 자랑하고 있는 관광의 <u>명소</u>입니다.
[       ]

78 우리 <u>농장</u>에서는 농약을 쓰지 않습니다. [       ]

79 그는 여러 <u>방면</u>에 다재다능한 사람입니다.
[       ]

80 <u>산림</u>을 보호하기 위하여 등산객들의 입산을 제한합니다.
[       ]

81 오늘은 개교기념행사로 책가방 없이 <u>등교</u>합니다.
[       ]

82 이 문은 사람이 가까이 다가서면 <u>자동</u>으로 열립니다.
[       ]

83 오늘 마을 회의는 <u>의장</u> 집에서 열렸습니다.
[       ]

84 두 아이는 사이좋게 셈 <u>공부</u>를 하고 있습니다.
[       ]

85 자책점은 방어율을 <u>산출</u>하는 기초가 됩니다.
[       ]

86 한 <u>시간</u> 동안 기다렸지만 그를 만나지 못했습니다.
[       ]

87 그는 고향을 떠나 멀리 타국에 <u>안주</u>하였습니다.
[       ]

**09** 다음 漢字에서 진하게 표시한 획은 몇 번째 쓰는지 〈보기〉에서 찾아 그 번호를 쓰세요. (88~90)

| 보기 | ① 첫 번째 | ② 두 번째 |
|---|---|---|
| | ③ 세 번째 | ④ 네 번째 |
| | ⑤ 다섯 번째 | ⑥ 여섯 번째 |
| | ⑦ 일곱 번째 | ⑧ 여덟 번째 |
| | ⑨ 아홉 번째 | ⑩ 열 번째 |
| | ⑪ 열한 번째 | |

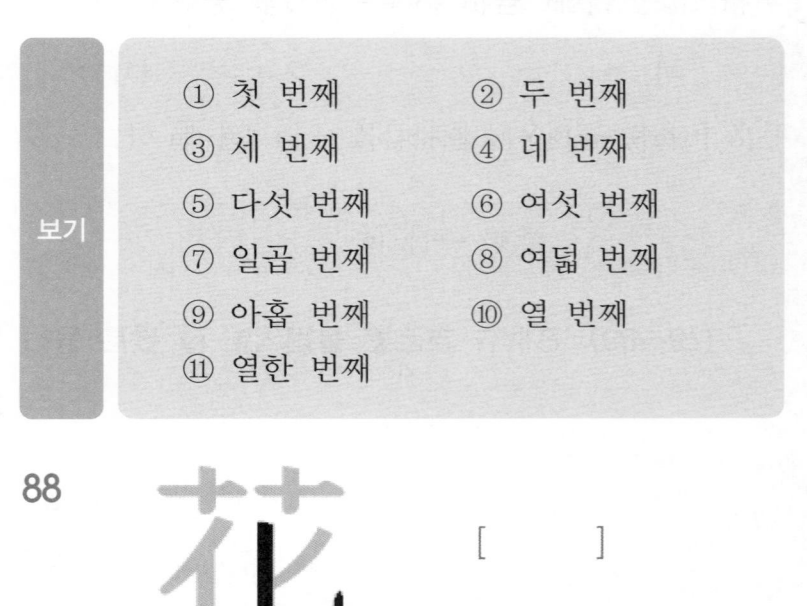

88 花
[       ]

89 堂
[       ]

90 代
[       ]

## 【제99회】 기출문제(71p~73p)

| | | | |
|---|---|---|---|
| 1 근본 | 2 약과 | 3 호실 | 4 부재 |
| 5 형성 | 6 공용 | 7 일각 | 8 노선 |
| 9 하부 | 10 해운 | 11 승리 | 12 임야 |
| 13 화두 | 14 왕조 | 15 서신 | 16 주목 |
| 17 선례 | 18 실의 | 19 석유 | 20 감전 |
| 21 이유 | 22 발동 | 23 반성 | 24 강자 |
| 25 원근 | 26 소일 | 27 수간 | 28 습작 |
| 29 고대 | 30 대등 | 31 동풍 | 32 금년 |
| 33 온도 | 34 글 장 | 35 다를/나눌 별 | 36 예도 례 |
| 37 각각 각 | 38 차례 번 | 39 모을 집 | 40 병 병 |
| 41 마실 음 | 42 약할 약 | 43 귀신 신 | 44 눈 설 |
| 45 겉 표 | 46 동산 원 | 47 푸를 록 | 48 큰바다 양 |
| 49 재주 재 | 50 향할 향 | 51 집 당 | 52 그림화ㅣ그을획(劃) |
| 53 사랑 애 | 54 짧을 단 | 55 고을 군 | 56 ④ 行 |
| 57 ③ 孫 | 58 ② 戰 | 59 ③ 分 | 60 ④ 服 |
| 61 ④ 氣 | 62 ③ 使 | 63 ⑧ 死 | 64 ① 多 |
| 65 ③ 川 | 66 ④ 合班 | 67 ③ 公席 | 68 天上 |
| 69 便安 | 70 土地 | 71 白色 | 72 同時 |
| 73 命中 | 74 出口 | 75 百姓 | 76 算數 |
| 77 自然 | 78 有名 | 79 敎育 | 80 入住 |
| 81 人心 | 82 韓紙 | 83 內面 | 84 重大 |
| 85 主力 | 86 山村 | 87 春秋 | 88 ⑧ |
| 89 ④ | 90 ⑥ | | |

## 【제100회】 기출문제(74p~76p)

| | | | |
|---|---|---|---|
| 1 본업 | 2 승자 | 3 서양 | 4 집중 |
| 5 동창회 | 6 의식주 | 7 작별 | 8 약체 |
| 9 행동 | 10 직감 | 11 천재 | 12 소실 |
| 13 동화 | 14 사약 | 15 의술 | 16 사교 |
| 17 가정 | 18 특색 | 19 방출 | 20 자습 |
| 21 운신 | 22 반성 | 23 주의 | 24 야생 |
| 25 지상 | 26 주야 | 27 형언 | 28 낙원 |
| 29 대답 | 30 통신 | 31 도면 | 32 발표 |
| 33 공평 | 34 기를 육 | 35 다스릴 리 | 36 멀 원 |
| 37 기름 유 | 38 뿔 각 | 39 옷 복 | 40 비로소 시 |
| 41 차례 제 | 42 나타날 현 | 43 집 당 | 44 기다릴 대 |
| 45 손자 손 | 46 가을 추 | 47 이름 호 | 48 그릴 연 |
| 49 겨레 족 | 50 볕 양 | 51 배울 학 | 52 그림화ㅣ그을획 |
| 53 살 활 | 54 여름 하 | 55 따뜻할 온 | 56 重力 |
| 57 時間 | 58 空氣 | 59 人命 | 60 名物 |
| 61 十里 | 62 不足 | 63 歌手 | 64 海草 |
| 65 父母 | 66 工場 | 67 白旗 | 68 市立 |
| 69 靑春 | 70 農事 | 71 便紙 | 72 敎室 |
| 73 校長 | 74 村老 | 75 兄弟 | 76 ④ |
| 77 ② | 78 ② | 79 ④ | 80 ② |
| 81 ① | 82 ③ | 83 ④ | 84 ⑥ |
| 85 ⑦ | 86 ② | 87 ④ | 88 ⑩ |
| 89 ② | 90 ③ | | |

## 【제101회】 기출문제(77p~79p)

| | | | |
|---|---|---|---|
| 1 청명 | 2 물체 | 3 백기 | 4 온실 |
| 5 방식 | 6 황태 | 7 노선 | 8 성공 |
| 9 모친 | 10 등교 | 11 상향 | 12 양수 |
| 13 발표 | 14 급속 | 15 행인 | 16 신용 |
| 17 주유 | 18 근간 | 19 답례 | 20 습작 |
| 21 양복 | 22 학급 | 23 강촌 | 24 승전 |
| 25 교감 | 26 왕족 | 27 춘추 | 28 명중 |
| 29 개시 | 30 사례 | 31 형언 | 32 과목 |
| 33 합의 | 34 기를 육 | 35 기다릴 대 | 36 근본 본 |
| 37 무거울 중 | 38 사랑 애 | 39 뿌리 근 | 40 놈 자 |
| 41 모을 집 | 42 하여금/부릴 사 | 43 은 은 | 44 눈 설 |
| 45 길 영 | 46 그림 화ㅣ그을 획(劃) | | 47 옷 의 |
| 48 말미암을 유 | 49 쌀 미 | 50 꽃부리 영 | 51 멀 원 |
| 52 통할 통 | 53 노래 가 | 54 글 장 | 55 지경 계 |
| 56 ④ 夜 | 57 ③ 少 | 58 ④ 今 | 59 ① 木 |
| 60 ④ 別 | 61 ① 度 | 62 ① 算 | 63 ③ 孫 |
| 64 ⑥ 苦 | 65 ⑦ 計 | 66 ④ 強風 | 67 ① 在京 |
| 68 有名 | 69 後世 | 70 三男 | 71 午前 |
| 72 花草 | 73 平面 | 74 心氣 | 75 農夫 |
| 76 色紙 | 77 住民 | 78 立地 | 79 便安 |
| 80 家口 | 81 自動 | 82 外來 | 83 出入 |
| 84 海水 | 85 天下 | 86 七夕 | 87 場所 |
| 88 ③ | 89 ⑧ | 90 ⑦ | |

## 【제102회】 기출문제(80p~82p)

| | | | |
|---|---|---|---|
| 1 창문 | 2 특별 | 3 공감 | 4 각자 |
| 5 성공 | 6 독서 | 7 표현 | 8 도형 |
| 9 교통 | 10 지구 | 11 근본 | 12 행운 |
| 13 영원 | 14 동화 | 15 정원 | 16 주야 |
| 17 편리 | 18 의술 | 19 예외 | 20 반성 |
| 21 사회 | 22 풍습 | 23 과목 | 24 소실 |
| 25 직각 | 26 동족 | 27 방학 | 28 화합 |
| 29 한복 | 30 개발 | 31 작년 | 32 해양 |
| 33 영어 | 34 법 식 | 35 바를 정 | 36 서울 경 |
| 37 날랠 용 | 38 겨울 동 | 39 아침 조 | 40 줄 선 |
| 41 모을 집 | 42 대할 대 | 43 그림 화ㅣ그을 획(劃) | 44 다스릴 리 |
| 45 실과 과 | 46 오를 등 | 47 나라 국 | 48 일백 백 |
| 49 앞 전 | 50 여름 하 | 51 쉴 휴 | 52 빛 색 |
| 53 쓸 용 | 54 빠를 속 | 55 올 래 | 56 市場 |
| 57 食口 | 58 世上 | 59 午後 | 60 孝子 |
| 61 有名 | 62 家電 | 63 靑春 | 64 兄弟 |
| 65 育林 | 66 農夫 | 67 每日 | 68 南北 |
| 69 左右 | 70 先祖 | 71 活動 | 72 空間 |
| 73 校歌 | 74 邑面 | 75 住民 | 76 ④ |
| 77 ② | 78 ③ | 79 ① | 80 ③ |
| 81 ① | 82 ⑥ | 83 ③ | 84 ④ |
| 85 ② | 86 따뜻한 물 | 87 밝은 달 | 88 ⑨ |
| 89 ⑫ | 90 ⑪ | | |

## 【제103회】 기출문제(83p~85p)

| | | | |
|---|---|---|---|
| 1 번호 | 2 소문 | 3 하체 | 4 행운 |
| 5 실례 | 6 석유 | 7 주의 | 8 왕조 |
| 9 반목 | 10 향상 | 11 공감 | 12 편리 |
| 13 발족 | 14 전선 | 15 집중 | 16 개시 |
| 17 황해 | 18 소일 | 19 교전 | 20 수목 |
| 21 행로 | 22 만고 | 23 형식 | 24 출두 |
| 25 영원 | 26 작용 | 27 복색 | 28 현장 |
| 29 속도 | 30 화합 | 31 통신 | 32 특사 |
| 33 다수 | 34 있을 재 | 35 동산 원 | 36 공[勳] 공 |
| 37 다스릴 리 | 38 놈 자 | 39 귀신 신 | 40 꽃부리 영 |
| 41 어제 작 | 42 말미암을 유 | 43 익힐 습 | 44 근본 본 |
| 45 옷 의 | 46 아름다울 미 | 47 쌀 미 | 48 눈 설 |
| 49 은 은 | 50 겨레 족 | 51 자리 석 | 52 마실 음 |
| 53 말씀 언 | 54 클 태 | 55 볕 양 | 56 ③ 弱 |
| 57 ④ 樂 | 58 ② 學 | 59 ② 分 | 60 ① 邑 |
| 61 ① 等 | 62 ② 話 | 63 ② 死 | 64 ⑥ 明 |
| 65 ① 地 | 66 ⑥ 野草 | 67 ① 根部 | 68 空間 |
| 69 植物 | 70 活力 | 71 祖母 | 72 直後 |
| 73 弟子 | 74 秋夕 | 75 記入 | 76 前方 |
| 77 市內 | 78 平面 | 79 外食 | 80 農事 |
| 81 人氣 | 82 自然 | 83 千年 | 84 民心 |
| 85 水道 | 86 不安 | 87 手動 | 88 ⑥ |
| 89 ③ | 90 ④ | | |

## 【제104회】 기출문제(86p~88p)

| | | | |
|---|---|---|---|
| 1 대설 | 2 기자 | 3 두각 | 4 석양 |
| 5 은행 | 6 근본 | 7 민족 | 8 풍습 |
| 9 신용 | 10 전공 | 11 작년 | 12 영특 |
| 13 도리 | 14 직선 | 15 병실 | 16 반성 |
| 17 백미 | 18 정원 | 19 별세 | 20 미술 |
| 21 재경 | 22 과목 | 23 합석 | 24 유래 |
| 25 음식 | 26 신화 | 27 언동 | 28 태반 |
| 29 고학 | 30 발표 | 31 속도 | 32 온화 |
| 33 통로 | 34 나무 수 | 35 모을 집 | 36 법식 례 |
| 37 향할 향 | 38 아침 조 | 39 돌 석 | 40 친할 친 |
| 41 열 개 | 42 글 장 | 43 들을 문 | 44 손자 손 |
| 45 나타날 현 | 46 느낄 감 | 47 의원 의 | 48 사랑 애 |
| 49 큰바다 양 | 50 누를 황 | 51 사귈 교 | 52 기다릴 대 |
| 53 길 영 | 54 들 야 | 55 많을 다 | 56 ④ |
| 57 ③ | 58 ② | 59 ④ | 60 ③ |
| 61 ③ | 62 ① | 63 ⑧ | 64 ③ |
| 65 ⑤ | 66 ② | 67 ④ | 68 少數 |
| 69 登山 | 70 靑春 | 71 方面 | 72 家門 |
| 73 正午 | 74 時間 | 75 命中 | 76 立秋 |
| 77 空氣 | 78 場所 | 79 不孝 | 80 每月 |
| 81 校歌 | 82 農夫 | 83 先祖 | 84 然後 |
| 85 出入 | 86 海軍 | 87 旗手 | 88 ⑤ |
| 89 ⑥ | 90 ⑧ | | |

## 【제105회】 기출문제(89p~91p)

| | | | |
|---|---|---|---|
| 1 산정 | 2 고물 | 3 동창 | 4 구두 |
| 5 감복 | 6 백과 | 7 의향 | 8 집계 |
| 9 활용 | 10 발족 | 11 구별 | 12 직행 |
| 13 후손 | 14 불행 | 15 각도 | 16 수은 |
| 17 예외 | 18 수술 | 19 특색 | 20 용기 |
| 21 도표 | 22 신호 | 23 형식 | 24 한약 |
| 25 개업 | 26 학습 | 27 유래 | 28 대등 |
| 29 북풍 | 30 재야 | 31 속전 | 32 교대 |
| 33 영원 | 34 큰바다 양 | 35 따뜻할 온 | 36 쌀 미 |
| 37 겨레 족 | 38 아름다울 미 | 39 서울 경 | 40 클 태 |
| 41 강할 강 | 42 많을 다 | 43 뿌리 근 | 44 기름 유 |
| 45 길 로 | 46 병 병 | 47 자리 석 | 48 말씀 언 |
| 49 밤 야 | 50 누를 황 | 51 볕 양 | 52 푸를 록 |
| 53 동산 원 | 54 글 장 | 55 기다릴 대 | 56 ③ 合 |
| 57 ② 樂 | 58 ④ 今 | 59 ① 林 | 60 ② 邑 |
| 61 ① 時 | 62 ④ 晝 | 63 ④ 死 | 64 ⑧ 有 |
| 65 ⑥ 火 | 66 ④ 消失 | 67 ③ 先通 | 68 校旗 |
| 69 全力 | 70 命中 | 71 正面 | 72 天地 |
| 73 祖上 | 74 空間 | 75 場所 | 76 花草 |
| 77 平年 | 78 少數 | 79 登山 | 80 海軍 |
| 81 事前 | 82 入住 | 83 內心 | 84 自然 |
| 85 老人 | 86 農村 | 87 出動 | 88 ⑨ |
| 89 ⑥ | 90 ⑦ | | |

## 【제106회】 기출문제(92p~94p)

| | | | |
|---|---|---|---|
| 1 두각 | 2 낙승 | 3 각급 | 4 감전 |
| 5 개방 | 6 사별 | 7 정원 | 8 풍물 |
| 9 도장 | 10 초록 | 11 황토 | 12 집합 |
| 13 목례 | 14 용례 | 15 성과 | 16 온도 |
| 17 세계 | 18 병자 | 19 실신 | 20 고전 |
| 21 태양 | 22 통로 | 23 유리 | 24 신문 |
| 25 번호 | 26 서체 | 27 석유 | 28 직선 |
| 29 효녀 | 30 영특 | 31 이유 | 32 주문 |
| 33 창문 | 34 나눌 반 | 35 자리 석 | 36 맑을 청 |
| 37 짧을 단 | 38 모양 형 | 39 사랑 애 | 40 사귈 교 |
| 41 재주 술 | 42 셀 계 | 43 향할 향 | 44 과목 과 |
| 45 겉 표 | 46 비로소 시 | 47 기다릴 대 | 48 옮길 운 |
| 49 차례 제 | 50 큰바다 양 | 51 고을 군 | 52 익힐 습 |
| 53 뿌리 근 | 54 눈 설 | 55 근본 본 | 56 ② |
| 57 ④ | 58 ① | 59 ④ | 60 ① |
| 61 ② | 62 ④ | 63 ④ | 64 ⑦ |
| 65 ② | 66 ⑥ | 67 ④ | 68 每事 |
| 69 休紙 | 70 歌手 | 71 車便 | 72 秋夕 |
| 73 老年 | 74 正答 | 75 國旗 | 76 力道 |
| 77 名所 | 78 農場 | 79 方面 | 80 山林 |
| 81 登校 | 82 自動 | 83 里長 | 84 工夫 |
| 85 算出 | 86 時間 | 87 安住 | 88 ⑧ |
| 89 ⑧ | 90 ⑤ | | |

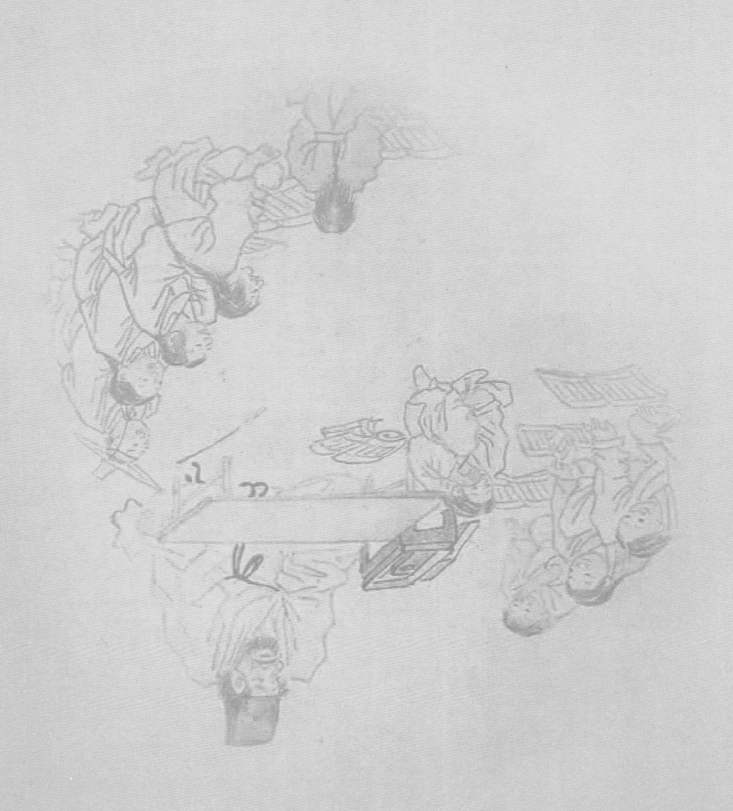

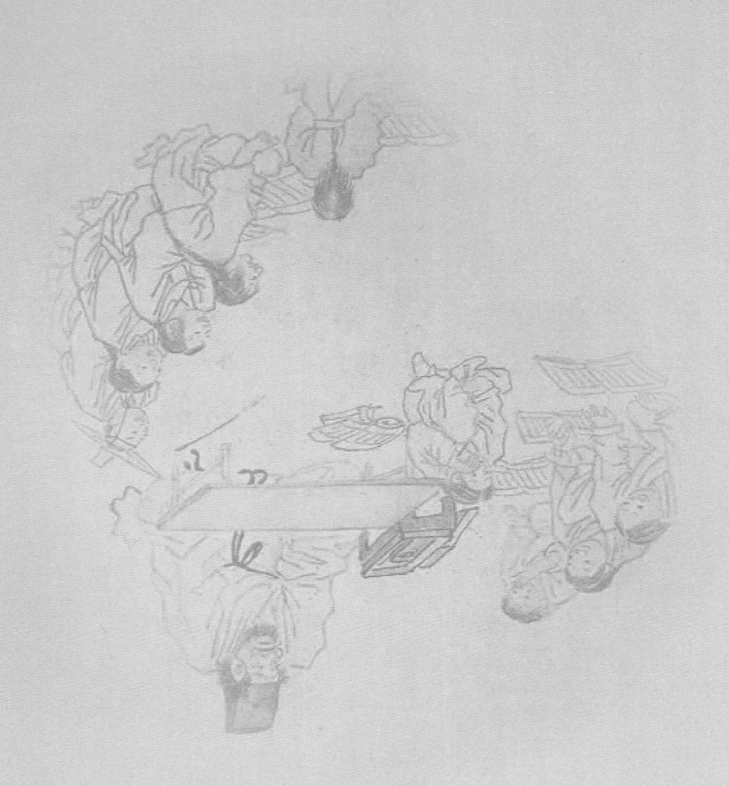

기울·에사람개지

한마음헌천치상시몸

# 한자능력검정시험
# 기출·예상문제집 6급

발 행 일 | 2025년 5월 20일
발 행 인 | 한국어문한자연구회
발 행 처 | 한국어문교육연구회
주　　소 | 경기도 남양주시 다산순환로 20 B동
　　　　　3층 34호(다산현대 프리미엄캠퍼스몰)
전　　화 | 02)332-1275, 031)556-1276
팩　　스 | 02)332-1274
등록번호 | 제313-2009-192호
ＩＳＢＮ | 979-11-91238-76-1　13700

정가 15,000원

공|급|처  푸른하늘　T. 02-332-1275, 1276　|　F. 02-332-1274
www.skymiru.co.kr